日銀はいつからスーパーマンになったのか

HAJIME KITANO
北野 一

講談社

はじめに

安倍政権が発足して1年近く、内閣支持率は60％台を維持していた。国民がアベノミクスを評価しているということなのだろう。しかし、私は、これが日本にとって、必ずしも良いことだとは思わない。

まるで、ウルトラマンが登場して、怪獣をやっつけてしまったみたいではないか。日銀が諸悪の根源で、日銀を退治すれば、あっという間に10年以上も苦しんだデフレから脱却できる。本当にそうであるのなら、それでもよい。

たとえば、１９２９年に、イギリスのアレクサンダー・フレミングがペニシリンを発見した。世界初の抗生物質である。抗生物質の発見により、その後多くの命が救われた。20世紀最大の発見とも言われる。こうしたイノベーションは、人類の幸福に寄与している。狙ってイノベーションを起こすことは難しいかもしれないが、「たった一つの発見が世界を変える」という物語は、後に続く私たちに勇気を与える。

さて、アベノミクスはペニシリンのようなものなのだろうか。この本では、その有効性と効力についてまず検証してみたい。

そもそも、社会は複雑で将来は不確実である。私たちは、それぞれ異なる過去を背負って現在を生きている。過去と現在と未来を結ぶ線は、人の数だけ、社会の数だけある。それらは、直線でもなく、かといって非連続でもない。したがって、多様な社会に万能の解決策はなく、飛躍もない。小刻みな実験と反省、応用と成功の繰り返しではないかと、私は考える。

こうした世界にあって、ウルトラマン的、水戸黄門的物語が、私たちの記憶に刷り込まれてしまうと、私たちは、困ったときに、また、ウルトラマンのような超人の登場を願うことになるだろう。それは健全なことなのだろうか。

むろん、この世の中が、本当に超人の活躍を抜きには成立しないのなら、話は別だ。怪獣にまったく歯が立たない科学特捜隊は「仕分け」の対象にすべきだ。街が怪獣に破壊される前に、ウルトラマンに登場してもらおう。そして、消防士が放水するように、スペシウム光線を怪獣に向けてぶっ放してもらおう。水戸黄門だって、印籠を、IDカードのように首から提《さ》げて歩けばよいだろう。そうしたら、30分や1時間の番組が、3分に短縮されるかもしれないが……。

しかし、ウルトラマンが颯爽と登場して怪獣をやっつけるのは、やはりテレビドラマの話で、現実の世界にそんな安直な解決策がないのなら、アベノミクスという物語は、記憶に刷り込まれる前に記憶から消えたほうがよいだろう。「やっぱり、そんなうまい話はなかった」という教訓が残るほうがよい。一気に問題を解決してしまう飛び道具ではなく、私たちが日々流す汗に価値がある。

実は、ウルトラマンでもそんな話があった。ウルトラマンが放映されていたのは１９６６年から１９６７年だ。私は、小学校1年生だった。今でも覚えているのは、イデ隊員が、「ウルトラマンさえいれば、科学特捜隊はいらない」と拗《す》ねるシーンだ。彼は、自分が戦うのをやめて、「ウルトラマーン、何をやっているんだ? 早く来てよ」と催促する。それをウルトラマンであるハヤタ隊員が、「ウルトラマンは、我々が一生懸命戦っている時だけ力を貸してくれる」と諭《さと》す。

ある意味、リアルなドラマである。現実に、ウルトラマンがいれば、私たちはみんなイデ隊員になるだろう。それを思うと、ウルトラマンは良心的な番組であった。

それにしても、ウルトラマンでさえ教訓を示しているのに、マスメディアの必殺技志向はどうしたものだろう。権力者に寄り添い、究極の権力者ともいえる「市場」を神格化する。市場は常に正しい。常に正しいから市場を敬わねばならないという話になってしまっている。なので、G20のような国際会議が、我々の運命を決するかのように報道し、毎度のように成長戦略を持ち上げる。そして、「市場の声を聞け」と諭す。

権力者に、そういう力はあるのだろうか。市場は、そんなに偉いのか。熟柿が勝手に落ちたのを、あたかも自分が木をゆすったから落ちたかのように言う人間の言葉を、そのまま伝える必要はない。たとえそれが権力者の言葉であろうが、「いや、それは柿が熟していたからでしょう」と反論すればよい。

それを、「すごいですねー」と持ち上げてばかりいると、今度は、私たちが「落ちた柿の実を枝につけろ」と、無理を期待するようになる。権力者にも、「できること」と「できないこと」がある。もっと言うなら、「できるように見せかけること」ができることと、それすらできないことがある。

この本では、そこのところをはっきりさせたいと思っている。そのうえで、革命でもなく、反動でもない、未来へ続く私たちが歩む道を探すべく、足元を見つめたいと思う。

2014年1月

北野 一

日銀はいつからスーパーマンになったのか◎目次

第3章「100年に一度の危機」からの正常化

第4章　期待はずれに終わった期待

第5章　ユナイテッド・アローズとしての「3本の矢」

第6章　日本型経営の再評価とデフレ脱却

第7章 未来志向の「保守」再生

最終章 「東京オリンピック」という過去と未来

第1章　超人伝説のタネあかし

危機が求めるスーパーマン

2013年の夏、『スーパーマン』シリーズの新作映画『マン・オブ・スティール』が公開されていた。一方、市場では、政治家や世界各国の中央銀行の総裁という権力者たちが、さながらスーパーマン、あるいはスーパーウーマンとしてもてはやされていた。

日本ではあらゆる経済現象の好転が、「アベノミクスの効果」として喧伝《けんでん》されていた。黒田東《はる》彦《ひこ》日銀総裁による異次元緩和は、デフレに呻吟《しんぎん》する日本を破滅の淵からぎりぎりで救い出したように見えた。米国の新FRB議長に内定していたジャネット・イエレン氏への期待から、米国株は最高値を更新してきた。彼らは、現代のヒーローであり、ヒロインだ。

しかし、本当に、彼らは「超人」なのだろうか。この本では、彼らが決して「超人」ではないこと、そして「超人」ではない「凡人」に奇跡を願うことの危険を指摘したい。そのうえで、「凡人」である私たちにできること、やらねばならないことの方向性、つまり奇跡に頼らず、自分の頭で考え、団結し行動することの重要性を示したいと考えている。

ヒーローといえば、1960年生まれの私の世代ならば「ウルトラマン」である。ウルトラマンは空を飛び、光線を使って怪獣をやっつける。危機一髪から私たちを助けてくれる。一般人（科学特捜隊）による、それまでの25分間の無駄な抵抗は何だったんだろうというくらい、最後の3分でけりがつく。

水戸黄門でもスーパーマンでも、だいたいヒーローものドラマの筋書きは同じパターンだ。冴えない一般人が超人に「変身」する。ハヤタ隊員がウルトラマンに、越後のちりめん問屋の隠居が天下の副将軍に、新聞記者がスーパーマンになるわけだ。そして悪者をやっつける。

アベノミクスというのは、まさにこれにハマった格好だ。自民党もダメ、民主党でもダメ、第三極も胡散臭《うさんくさ》い。「いったい誰が私たちを救ってくれるのか？」という陰《いん》の極《きょく》で、一度辛酸《しんさん》をなめた三世議員が力強い政治家に「変身」して戻ってくる。

「悪いのは日銀だ」とわかりやすく敵を見つけ出し、その敵をスペシウム光線ならぬ「3本の矢」という必殺技でやっつけると、青空が広がり、幸せな生活が再び始まるというストーリーを描いてくれている。

しかし本当に、そうなのか。ヒーローものドラマがいつの時代でもそれなりの人気を維持していることからもわかるように、我々にはヒーロー願望が備わっており、どんな現象でもヒーローに関連づけて解釈するという「超人バイアス」があるのではないか。どこからともなく「超人（スーパーマン）」が現れて危機を救ってくれるなら、それはそれで楽でいい。

経済政策の現場でもこうしたバイアスが認められる。たとえば、特に日本の報道機関に顕著であるが、G20のような経済政策の担当者が集う国際会議を必要以上に重要視する傾向がある。日々の相場報道でも、やたら外国人に注目する。株式相場や為替相場を動かす「超人」の力があるかのように書き立てる。そして、「超人」たちの意思を忖度《そんたく》することが、まるで相場を予想することであるかのような話を仕立て上げる。

プラザ合意の成功とルーブル合意の失敗

ただ、実際に分析してみれば明らかなように、経済も相場も、いつも「超人」の思うままになっているわけではない。そう見える時もあれば、まったく力が及ばぬように見える時もある。私たちが考えねばならないのは、どういう時に、政治家や日銀などの権力者が超人に見え、どういう時に凡人に見えるかである。

結論を先に言うと、権力者も人の子、どんなに地位が高く、権力があろうが、しょせんは凡人である。相場を動かすという能力を持ち合わせてはいない。もっとも、柔道の達人がそうであるように、相手の力を上手く使うことにより、あたかも怪力の持ち主であるように見せることはできる。相手が押してくるなら背負い投げ、相手が引いてくるなら大外刈りだ。しかし、相手に隙がなければ、攻めるのは難しい。自然体の相手ほど、投げにくい。

経済政策の担当者の場合、相手とは市場である。より正確に言えば市場で決まる価格である。価格に蓄積されたエネルギーを上手く利用すると、鮮やかに技が決まる。割高なものは勝手に下がるし、割安なら放っておいても上がる。それを平均回帰という。石は沈むし、葉は浮くという話だ。こうした平均回帰に上手く乗った時だけ、彼らは「超人」に見える。

具体的な事例を挙げてみよう。最初に注目したいのは、1985年のプラザ合意だ。ドル高を是正するために、通貨マフィアと呼ばれる主要国の財務大臣や中央銀行の総裁がニューヨークのプラザホテルに集まって、為替介入の密談を行った。私にとってはリアルタイムの記憶だが、最近では教科書で習う「歴史的な出来事」になっているようだ。

当時は、米国、日本、英国、(旧西)ドイツ、フランスの5ヵ国が集まった。G5の声明が発表されたのは9月22日だ。この日は日曜日だった。秘密裏に行われた会合なので、竹下登大蔵大臣は、千葉にゴルフに行くとカモフラージュをして成田空港に向かったという。

週明け、ドル売りの協調介入が行われると、ドルは急落した。さすがに、当局がその気になるとすごいという神話が生まれた。

しかし、当時のドルは、あまりにも「割高」であった。高すぎるドルのせいで、米国の製造業は海外に逃げ出していった。貿易収支の赤字が定着し、プラザ合意当時は、対外純債務国に転落する瀬戸際にあった。米国が外国に持っている資産よりも、外国に負っている負債のほうが大きくなろうとしていたのだ。この状態が続くと、米国人は外国人からの借金の利払いのために働かねばならなくなると懸念されていた。

高すぎるドルは、言ってみれば「熟柿」のようなものであった。何もしなくても、早晩、落ちていたはずだ。ただ、それが熟柿かどうかわからぬ人間からすると、たまたま、柿の木を揺さぶった人が、柿の実を落としたという話になる。誰が揺さぶっても柿の実は落ちただろうに、揺さぶって落とした人が超人になる。

本当の超人ならば、何ができるか。まだ熟していない青い実を揺すって落とすことができれば超人である。落ちている柿の実を、もう一度、枝にくっつけることができれば魔術師だ。残念ながら、中央銀行にはそれができない。

それを証明したのは、1987年2月のルーブル合意である。今度は、ドル安に歯止めをかけるために、パリのルーブル宮殿にG7（プラザ合意に集まった5ヵ国に、カナダとイタリアが加わった）が集まった。

しかし、プラザ合意を知っている人はいても、ルーブル合意を覚えている人は少ない。ルーブル合意では、ドルの下落に歯止めをかけることができなかったからだ。ウィキペディアには、「各国の協調が十分ではなかったため、ドルの下落を止めることはできなかった」と簡単に説明されている。

本当にそうなのだろうか。プラザ合意とルーブル合意の決定的な差は、各国の協調姿勢もさることながら、当時の「ドルの水準」だった。プラザ合意の時に超割高であったドルは、ルーブル合意時には、ほぼ適正水準にまで下落していた。

適正水準にあるものを持ち上げるのは難しい。落ちた柿を枝にくっつけるような話だ。いかにG7とはいえ、彼らは魔術師ではないので、それはできない。中央銀行が万能の超人ではないことを、プラザ合意とルーブル合意の認知度の差が示していると言えるだろう。

ミスター円とギネス介入

今度は、円で見てみよう。１９９５年当時の円は、超割高であった。４月には、１ドル＝80円を初めて割り込んできた。このまま円高が続くと、ドル換算した日本のＧＤＰが、米国のＧＤＰを上回るのではないかと真顔で議論されていた。円高に耐え切れなくなった日本企業の海外進出が急増したのも１９９５年である。それだけ、実体と乖離《かいり》した円高であったのだ。

その年の５月に、大蔵省の国際金融局長に就任し、円売り介入の陣頭指揮を執ったのが、榊原英資《えいすけ》氏だ。榊原氏が国際金融局長に就任した直後の１９９５年７月から９月にかけての円売り介入の総額は２兆５０００億円にのぼった。当時の介入としては巨額で、「ブルドーザー介入」と畏怖された。ドル円相場は急反発し、９月には１００円を回復した。榊原氏は、円高是正の立役者として「ミスター円」と呼ばれるようになった。

その逆に、財務省および中央銀行の力の限界を証明したのが、２００３年1月から２００４年3月にかけて行われた大量の円売り介入だ。この1年3ヵ月の円売り介入の総額は35兆円にのぼる。３兆５０００億円の間違いではない、35兆円である。ブルドーザー介入も霞んでしまう、まさにギネス記録ものの介入であった。円売り介入の責任者は、財務省の溝口善兵衛《ぜんべえ》財務官であった。２００７年に財務省を退官し、現在は島根県知事だ。彼は、すでに「業界人」ではない。

当時、溝口氏らは毎日のように円を売り続けた。１ドル＝１１５円を死守しようとしていた、すなわちドル安円高を阻止しようとしていたのは、市場参加者なら誰でも理解していたと思う。しかし、彼らは１ドル＝１１５円を守りきることはできなかった。ドル円相場は２００４年末には１ドル＝１００円割れ寸前まで下落した。ドル安円高になってしまった。

どうして、ギネス介入の効果はなかったのであろうか。それは、当時の円が中立水準にあったからだ。割高でもなければ、割安でもなかった。柿の実は熟していなかったのだ。

もし、円が超割高であったなら、榊原氏のように、３兆円弱の円売り介入でも、円を押し下げ、ドル高円安にするきっかけをつくることはできたであろうが、中立にあるものは35兆円を費やしても、力ずくで円安にはできなかった。介入の金額に比例して、効果があがるというものではないのである。

私たちは、政府や日銀という巨額の資金を操作できる主体が、為替や株や債券を買ったり売ったりすることで、相場を意のままに操作できると安易に考えがちだが、そう単純な話でもないのである。熟していない柿は、いくら揺さぶっても落ちてはこない。

「ミスター円」として記憶されているのは、ギネス介入をした溝口氏ではなく、たまたま超円高時にその地位にあった榊原氏だ。彼は、少し木を揺さぶるだけで、熟柿を落とすことができた。

「平均回帰」というタネあかし

一般の人やマスメディアは、表面的なドル円相場を見ているが、その実質的な価値を見ていない。すなわち、柿の実が熟しているかどうかわからないものだから、「木を揺すっている人の行為」と「柿の実が落下するかどうかという事象」の間に因果関係を認めてしまう。木を揺すって実が落ちたら、超人だと素直に信じてしまう。そのうち、「協調介入なら効果があるが、単独の介入だからダメだ」という妙な法則までできてしまう。それって、三人で木を揺さぶると実は落ちるが、一人で頑張っても落ちないと言っているようなものだ。

極端な話、何人で揺さぶろうが、実が熟するどころか、実が成っていなかったら、実は落ちてこない。彼らは、「木」を見て「実」を見ていないのである。

為替相場を例に、当局（財務省や中央銀行）が超人に見える時はどんな時なのかを考えてみた。要するに、相場が、「超」がつくほどの割高や割安にあり、放っておいても価格が下がる、あるいは価格が上がるという時に、その方向に向けて、ちょっと手を貸すふりをするだけで、まるで当局が相場を動かしたかのように見える、というのが超人伝説のタネあかしである。

私は、難しい話をしているわけではない。むしろ当たり前のことを言っているだけだ。実際、セミナーなどで話をすると、こういうご批判をいただくことが多い。

「あなたが言っていることは、しょせん、平均回帰だ。当たり前のことを言っているだけではないか」

その通りである。ただ、平均回帰の議論をするためには、少なくとも、頭の中に、「平均が何か」という尺度がなければいけない。その尺度を欠いている世の中にあっては、ただの平均回帰の議論も価値を持つのである。

ここで、海外の「超人」であるバーナンキ前FRB議長とドラギECB総裁を思い出してみよう。彼らの頭の中には「平均回帰」という概念がしっかり備わっているように思われる。それは、発言を見ればわかる。2012年9月13日、バーナンキ前FRB議長は、「無期限に金融緩和を続ける」と言い、9月6日に、ドラギECB総裁は「無制限に南欧の国債を買う」と言った。

少し考えてみよう。「無期限」や「無制限」という言葉はどんな時に使えるのか。

簡単である。「本当に『無期限』や『無制限』にはならない時」である。では、どういう場合に、「無期限」や、「無制限」にならないのか。すでに、「超」がつくほど、割高や割安になっており、平均回帰を期待できる場合だ。

「平均回帰」については、『たまたま』（レナード・ムロディナウ、ダイヤモンド社）という本の冒頭に面白い話が紹介されている。行動経済学の先駆者で2002年にノーベル経済学賞を受賞したダニエル・カーネマンの経験談である。

カーネマンがヘブライ大学の心理学教授だったころ、イスラエル空軍の飛行教官に講義をしていた。「訓練生は誉めると上手くなるし、叱り続けると上達しないものだ。それが動物実験でも証明されている」と教官たちに教えていた。

しかし、教官たちは「自分の経験は逆だ。上手くいった時に誉め、失敗した時に怒ると、その次の結果は反対になる。すなわち、誉めた時には下手になり、怒った時には上手くいく」と反論してきた。

カーネマンは考える。なぜ、理論と現実は違うのか。それで、はたと気づく。これは「平均回帰」である。訓練生の技術は、ある程度のレベルで安定している。その中で、ある日、特に下手な操縦をしたとしよう。その次の機会では、常識的に、前回より上手く操縦できるはずだ。特に上手く操縦できた場合は、その逆だ。その、例外的に下手であったり上手くいったりした時に、教官がその都度、叱ったり誉めたりする習慣があれば、彼はあたかも自分の言葉が訓練生に影響を及ぼしたと錯覚するはずだと。

これは納得できる話である。これをバーナンキ前ＦＲＢ議長や、ドラギＥＣＢ総裁の経済政策に応用して考えてみよう。

「日本化」を心配していないバーナンキ

バーナンキ前FRB議長は、「米国の失業率が6・5%に下がるまで（無期限に金融緩和を続ける）」と言った。6・5%というのは、米国の第二次世界大戦後の失業率のほぼ平均値である。彼は、10%を超えるような失業率は異常値であり、米国経済は早晩、平均値に戻ると考えているのである。彼は「無期限」とは言ったものの、本当に無期限になるとは考えていない。

ちなみに、日本の失業率は1995年まではどんなに上がっても3%であったが、1995年以降はどんなに下がっても3%になってしまった。水準が変わってしまったのである。この場合、「1995年以前の平均値に戻るまで」という政策目標を立てると、本当に無期限に金融緩和を続けざるを得ない事態も生じる。いつまで待ってもゴールにはたどり着かない。

その意味では、平均回帰を目標にしているバーナンキ前FRB議長は、「日本化」、すなわち米国経済の構造変化を念頭に置いていないこともわかる。日本のデフレを研究しているバーナンキ前議長は、日本の失業率の水準が上振れたことも当然知っているであろう。それにもかかわらず、米国の過去平均を単純に目標にしているということは、過去の平均が使えると判断しているということであり、言い換えると、米国の構造変化を否定しているのである。

要するにバーナンキは、病人に対して、「熱が下がったら退院できる」と言っているのである。ひどい二日酔いでも、寝たら醒《さ》めると言っているのである。もし病人が致命的な病に冒《おか》されているなら、そういうことは言わないだろう。

むしろ、こういう時に危険なのは、二日酔いを構造的な疾患だと早合点することだ。そして、必要もないのに大手術をすることである。そうすると、1995年以降の日本のように、国の形が変わってしまう。皮肉なことに、「日本化」とは、「日本が日本でなくなる現象」、一般化すれば、「ある国が、その伝統を放棄した結果、苦境に陥る現象」を指しているのである。

私の不勉強のせいかもしれないが、リーマンショック後の欧米は大反省会といったムードではあったものの、国の形を造り変えるような構造改革を唱える声はなかったように記憶している。

逆バブルに腹をくくったドラギ

さて、ドラギECB総裁は、なぜ「無制限に南欧の国債を買う」と言ったのか。南欧の国債の利回りが異常に高すぎる（債券価格が超割安）と見切っていたからであろう。ある種の逆バブルだと理解していたのだ。

「逆バブル」といえば、慶応大学の竹森俊平教授の『ユーロ破綻　そしてドイツだけが残った』（日経プレミアシリーズ）に、逆バブル説が紹介されている。簡単にいうと、イタリアやスペインの国債利回りは、破綻リスクが高いと認識された瞬間から、資金の流出が始まり、金利が上昇し、金利が上昇するから、余計に破綻リスクが高くなるという悪循環が始まったという話だ。悪循環というのは、売るから下がる、下がるから売るという運動が永遠に続くということである。

バブルの正体は、こうした循環論である。こうなると、国債の価格は、どこまでも下がり続けることになる。価格と反対方向に動く金利はどこまでも上がり続けることになる。だからユーロは破綻するほかないという結論に至るのである。

しかし、ものには限度がある。価格が価値から大きく乖離すると、やはり価値に向けて収斂《しゅうれん》していくものだ。王様に「裸だ！」と言える子どもはどこかにいるものだ。子どもの声に我に返る。すると、「平均回帰」が起きる。これをドラギ総裁は知っていた。究極的には、何もしなくても南欧の国債利回りは下がると考えていたのであろう。

あの頃、私は欧米へ出張に行くたびに、現地の投資家に「イタリアやスペインといった南欧諸国の国債のフェアバリュー（適正価格）は、いくらだと思うか？」と聞いていた。しかし、この単純な質問に即答できた投資家は、本当に一人もいなかった。彼らは、悪循環に乗ることで儲けることができるが、相場に勢いがあるときは、割高か割安かを考える切迫感がない。

しかし、さすがにECBは、そうはいかない。彼らは南欧諸国の破綻確率と実際の国債利回りを比較して、すなわち価値と価格の乖離を見て、合理的に考えていたのであろう。だから、「無制限に買う」と言えたのである。彼らは蛮勇をふるっていたのではない。

第2章　アベノミクスへの期待と失望

わずか4ヵ月だったアベノミクス相場の寿命

2012年11月、衆議院の解散直後の講演で、安倍晋三自民党総裁は、日銀に無制限の金融緩和を求めると断言した。当時は、「無制限」や「無期限」が流行っていた。欧米の先行しているバスに乗り遅れるなという雰囲気であった。しかし、冷静に振り返ってみると、世界経済は「100年に一度の危機」と呼ばれた異常値から平均回帰を目指していたのだ。「アベノミクス」は、その流れに上手く乗ったと言えるだろう。では、「アベノミクス」の実力はどうなのだろうか。

いきなりこんなことを言うと驚かれるかもしれないが、アベノミクス相場の寿命は、4ヵ月であった。2013年1月から5月までだ。もう、すでに終わったと私は考えている。そう考える理由については、第4章の「期待はずれに終わった期待」で、しっかり説明したい。「いや、そんな説明は聞きたくないよ。実際、2013年末に向けて、株高、円安の勢いが再び強まったじゃないか」という声が聞こえてきそうだ。

たしかに、5月以降半年間横這っていたドル円相場が、11月に100円を回復し、日経平均株価も1万5000円を超えてきた。ただ、これはジャネット・イエレン新FRB議長への期待を先取りした値動きであった。実際、「イエレン・ラリー」と呼ばれたりしていた。それはそれで、スーパーウーマンへの過剰な期待を表しており、胡散臭いものではあるが、少なくとも日本主導の相場という認識ではなかった。

「人気」は、移ろいやすいものだ。ＴＰＰにせよ、原発にせよ、賛成だ反対だと、うわっと盛り上がって、さっと終わる。３ヵ月がワン・クールのテレビのドラマに似ている。アベノミクス相場は、それより少しは長かったかもしれないが、これじゃ、「期待」に働きかけるといっても限界があるだろう。「期待」もさることながら、「記憶」が続かない。

経済学者が使う「期待（エクスペクテーション）」は、「予想（フォーキャスト）」という意味に近い。「予想」は、経験の延長線上にある。桜が咲いて、数ヵ月後に暑くなることを、毎年毎年繰り返し経験していると、桜が咲くと数ヵ月後に夏がくるという「予想」が可能になる。一度や二度の再現性のない出来事からは、「予想」は生まれない。

一方、市場参加者が使う「期待」とは、いわゆる「思惑《おもわく》（スペキュレーション）」のことだろう。「思惑」による売りや買いが四六時中繰り返されているのが市場だ。新しい話題に世の中の目が移っていく。消費税を上げるのか、上げないのか。集団的自衛権を認めるのか、認めないのか。「思惑」の対象は、ころころ変わる。

すると、どこからか、その筋の専門家が引っ張り出され、持論を滔々《とうとう》と述べるだけ述べ、時には反対派の人格攻撃までして、罵《のの》り合う。議論は平行線をたどり、けっして交わることなく、そのうちに次のテーマに話題が移っていく。

なぜ、議論がつまらないのか。結論というか持論先にありきで、客観的な情勢判断を欠いているからだ。ものごとを相対化するためには、比較が必要だ。比較するには、縦の深みとしての歴史と、横の広がりとしての世界を知らねばならない。それでも足りない場合は、業界やジャンルを超えて、それこそ異次元から斜めに切ることも必要になってくる。

「今」を理解するためには、以上の縦、横、斜めから、「今」を理解する仮説を帰納《きのう》的に構築し、その仮説から演繹《えんえき》的に議論を展開しなければならない。多様な観察から帰納的に仮説を構築することによって独りよがりではない独創性が生まれ、その仮説から演繹的に論ずることでぶれない一貫性が生まれる。そして、仮説の有効性は、再び、「今」という現実によって検証されていく。

しかし、専門家とは、得てして目の前の「今」を、せいぜい教科書的な知識に基づいて、たとえば、「経済学的には」「ケインジアンとしては」「新自由主義者としては……」「リフレ派なので……」と、狭い立場から解説するにとどまっている。誰もがその「立場」に固執して議論をすれば、いつまでたっても接点は生じない。「タコツボ化」と「思考停止」が専門家の特徴だ。それが夜郎自大《やろうじだい》を生み出す。

そして、気がつくと何も問題が解決されることなく、というか、解決されたという実感もなく、10年が過ぎ、20年が過ぎていった。振り返ってみると、中途半端に放り出された改革論の残骸がそこかしこに転がっている。あと半年もすれば、「そう言えば、アベノミクスなんて言ってたねぇ」という会話が普通に交わされるのではないか。「失われた20年」から抜け出すにせよ、それはアベノミクスという飛び道具によるものではなく、改革の方向性は正しかったのだろうかという私たちの疑問から始まるはずだ。

外国人投資家は、「アベは、本当に改革者なのか？」と聞いてくるが、私は彼が改革者かどうかよりも、「改革は善」という認識の妥当性を考えるべきではないかと考えている。

「論より証拠」は逃げ口上

アベノミクス支持派の決まり文句は、「論より証拠」である。

「実際、円相場が安くなり、株式相場も上昇したじゃないか」と「証拠」を振りかざす。しかし、その「証拠」たるもの、「テルテル坊主をつるしたら晴れた」という話とあまり変わらない。

一方、反対派もだらしなく、晴れるはずはないんだけれども、晴れた以上はテルテル坊主の力も無視できないと怯《ひる》んでいる。「たまたま晴れただけだ」と言い切る気概はなく、「世の中の雰囲気を変えたことは評価できる」と迎合する。「いや、雰囲気が変わったのは、晴れたからで、テルテル坊主とは関係がないだろう」という突っ込みはない。テルテル坊主をつるしていない隣の家から見ても、やっぱり空は晴れているというように「横」から見ていないからだ。

「論より証拠」という言葉には、それ以降の議論を封印する「問答無用」に近い響きがある。しかし、経済政策は私たちの生活に大きな影響を及ぼすものだ。たかだか3ヵ月程度の株式相場や為替相場の動きを見ただけで、議論を止めてはいけない。

そもそも、この手の「証拠」は、（テルテル坊主をつるしているのにもかかわらず）雨が降った時点で証拠能力が疑われてしまう代物だ。それなら、雨が降る前に話題を変えたほうが得策である。だから、「問答無用」と議論を早々に打ち切る誘因が働く。一方、証拠が失われた時に備えて、「言い訳」も考えておかねばならない。たとえば、「消費税を上げたからだ」とか、「日銀法を改正していないからだ」といったところが「言い訳」の候補である。消費税増税には慎重であるべきだといった話がアベノミクスを支持するリフレ派から出ていた。これは、インフレ期待が盛り上がらなかった時に備えた布石ともいえる。

ただ、いずれにせよ、雨が降ればそれでいったん話は終わる。すなわち、どういう理由であれ、円高になり株式相場が下落すれば、アベノミクスはその効果を大いに疑われる運命にある。「論」より「証拠」を重んじた以上、それが宿命である。

死んでも巻かれない

証拠能力が維持されるためには、このまま株式相場が上がり続け、円が下がり続けるしかない。しかし相場というもの、振り返ってみて「あそこが転換点であった、あれが世界を変えた」

と言われることはあっても、「これで世の中が変わる」という大衆レベルの予想というか熱狂が的中したことなんてないのではないか。

少なくとも、30年近く市場に携わっている私の経験からはそうである。週刊誌が毎週のように「アベノミクス」特集を組み、最初は冷ややかに見ていた人たちまで巻き込まれていく状況を見ると、逆に警戒心がむくむくと湧き上がってくる。

それは、「多数派は得てして間違っているから気をつけよう」という意味ではなく、簡単に説得されて議論を止めてはいけないという意味だ。２０１３年といえば、ＮＨＫの朝の連続ドラマで「あまちゃん」が大ヒットしていた。小泉今日子が演じる芸能プロダクションの社長、天野春子のデスクには、ライバルプロデューサー・太巻こと荒巻太一の「太いものには巻かれろ」への対抗心から、「死んでも巻かれない」という社訓が置かれていた。

これは、相場の世界にも通じる言葉だ。縦、横、斜めから考えていると時間がかかる。一方、相場では一瞬の判断が求められる。売りか、買いか。したがって、今の勢いに身を任せたほうが効率的かもしれない。「太いもの」とは、「勢い」である。一時的な勢いで舞い上がっても、あるいは叩き落とされても、結局は、縦、横、斜めから求められたあるべきところに相場は戻ってくるだろう。それが「平均回帰」だ。太いものに巻かれていると居心地は良いが、居心地が良すぎて、ものを考えなくなる。太いものに巻かれないために大切なことは、「バスに乗り遅れるな」と慌てることなく、自分の頭で納得するまで考えることだ。バスに飛び乗っても、行き先が間違っていると、かえって時間の無駄である。

「経済白書」で読む1990年代の空気

まず、ちょうど現在と真逆の局面とも言える1990年を思い出してみよう。真逆というのは、こういうことだ。アベノミクスでデフレ脱却が視野に入ったと言われる。逆に、そのデフレ定着のきっかけをつくったのは、「バブルの崩壊」である。日本の株式相場が下げ始めたのは1990年だ。

そう言えば、この年の8月にイラクがクウェートに侵攻した。当時、私はニューヨークにおり、米国債のトレーダーをやっていた。夜、自宅でくつろいでいると、シカゴの先物市場で場立ちをやっている米国人の同僚から電話がかかってきた。興奮した声で、「イラーキ、イラーキ」と叫んでいる。「イラーキって何だ?」と最初はわからなかった。かろうじて、「インベージョン(侵攻)」という言葉が聞き取れる。次第に、どうも戦争が始まったらしいことが理解できた。原油価格の急騰を受け、米国債相場は暴落していた。

この時、私は日本人であるにもかかわらず、地球の反対側で猛烈な勢いで始まっていた日本株の暴落に気づいていなかった。他人のことは言えないもので、自分自身、「横」をまったく見ていなかった。多くの日本人の人生を変えることになるバブルの崩壊も、米国で生活する人間にとっては、世界の片隅の出来事であった。

もっとも、日本人でさえ、自分の運命が変わりつつあることに気づいていなかったようだ。その頃、日本ではB．B．クィーンズの「おどるポンポコリン」が大ヒットしていた。なんでもかんでもみんな踊りを踊っていたのである。日経平均株価は１９８９年末のピークから、すでに１万円近くも下げていた。バブルは明らかに弾けていたわけだが、８月７日に公表された経済白書のタイトルは「持続的拡大への道」であった。翌91年も、「長期拡大の条件と国際社会における役割」と、まだ「拡大」がキーワードであった。政府も勢いに身を任せ、太いものに巻かれていた。

ようやく変調が意識されたのは92年から。それでも「調整をこえて新たな展開をめざす日本経済」（92年）、「バブルの教訓と新たな発展への課題」（93年）、「厳しい調整を越えて新たなフロンティアへ」（94年）と、変調はあくまでも単なる「調整」であり、「右肩上がり」は不変という認識が続いていた。95年も「日本経済のダイナミズムの復活をめざして」と、まだ過去の栄光を忘れられないようであった。

実際、日本の住宅着工件数が、１９８７年のピーク時の水準まで戻ったのは１９９６年である。とにかく高嶺の花であった住宅が、少しは安く買えるようになったものだから、絶好のバーゲンだと、時ならぬマンションブームが湧き起こっていたのである。１９９７年４月に消費税増税があったことも駆け込み需要を促した。

経済白書の空気が変わったのは、その96年からだろう。「改革が展望を切り開く」と「改革」という言葉が初めて使われ、ただの「調整」ではないという認識が示された。すると97年も「改革へ本格起動する日本経済」と続き、98年は「創造的発展への基礎固め」、99年は「経済再生への挑戦」だ。「再生」。すなわち、いったんは「死んだ」という認識が、ようやくここに初めて表れてくる。株価が下げ始めてから、すでに10年が経過していた。つまり、バブルがバブルと認識されたのはピークから何年も経ってからのことで、今に思えば間抜けだったと言えなくもない。

経済白書だけが間抜けであったわけではない。これが世の中のコンセンサスであった。「ジュリアナ東京」が芝浦にオープンしたのは、1991年5月である。要するに、転換点にあって、その後の長期トレンドを見通せている可能性は低いというのが経験則である。もう20年以上前のことだろうか。システム工学者の視点から独自の文明論を展開されていた石井威望《たけもち》氏が「慈円《じえん》の『愚管抄《ぐかんしょう》』が鋭いのは、承久の乱をもって、以後700年続く武士の支配を予言していたことだ」と言っておられた。その時、なるほどそういうものかと思った。振り返ってみると当たり前のことでも、その出来事の持つ意味をリアルタイムで的確に把握するのは、至難の業なのだ。だから、それができた人や本の名前は、何百年後の歴史の教科書にまで残る。来《きた》るべき時代を、誰もがスルーしてしまうような出来事から認識するのは難しいことなんだなぁと。

市場参加者は、相場の転換点となる「きっかけ」をやたらと探す。英語では「カタリスト」という。「きっかけは何か」「カタリストを教えてくれ」と、日本人、外国人の別なく質問される。

それにしても、相場で儲かるのは、他の誰もが理解できず、自分だけがわかるという都合のよい「きっかけ」に他人より早く気がつき、たまたま、その直後に皆が気づくという場合だ。そんな話はそうはない。だいたいそれを他人に聞いている段階で論理的に間違っている。しかも、P65でも述べるが、「日本の消費税増税法案の成立が、欧州債務危機終焉を示すカタリストだ」と、自分なりの「カタリスト」を伝えても、なかなか理解してもらえないことが多い。それが「斜め」すぎたりするからだ。

そういう意味では、「世の中が変わった」と言わんばかりに「論より証拠」という言葉が使われている現状は、かなり胡散臭いのである。胡散臭いというのは、何かを間違えている危険性があるということだ。

その胡散臭さ、つまり間違え方には二つのパターンがある。まず、一つ目は、これが糠《ぬか》喜びに終わるケースだ。「失われた20年」の間に、何度も煮え湯を飲まされたパターンである。もう一つは、「今ごろ何を言っているの」という場合である。

新自由主義の否定と株価底入れ

今回は、糠喜びなのか、それとも一周遅れの大騒ぎなのか。これまでの書きっぷりで読者はもうお気づきだと思うが、私は後者であると考えている。その「論より証拠」を、株式相場を使って示してみよう。

まず、単純に株式相場だけで語るなら、日経平均株価が底を打ったのは、安倍首相が再登板した2012年ではなく、自民党政権が崩壊した2009年である。その当時は、「国民の生活が第一」という民主党の躍進もあり、自民党の麻生政権まで「新自由主義からの脱却」を語っていた。

新自由主義というのは、「自由な競争を通して、株主に代表されるお金持ちにとって住みよい社会になると、いずれ全体の底上げも可能になるので、政府は隅っこで小さくなっているほどよい」という考え方である。その新自由主義の旗手と呼ばれた経済学者の中谷巌《なかたにいわお》氏は、『資本主義はなぜ自壊したのか』（集英社）という懺悔《ざんげ》の書を出版し、新自由主義を否定することが日本再生の道であると説いた。

2013年は、その「底入れ」から4年目である。紆余曲折があって、再び新自由主義に光が当たっている。株式相場の上昇で世の中の雰囲気が明るくなってよかったというのは、そういうことだ。株が上がったから次は賃金だと、「国民の生活は第二」になっている。

私たちは、ここで注意深くあらねばならない。2009年の底入れの際には、「新自由主義」が否定されていた。そして、にわかにケインズが復活してきた。

「2009年1月に誕生したアメリカのオバマ政権は、さっそく総額8250億ドル、対GDP5・7%の財政支出パッケージを発表した。2008年11月には、中国政府も2010年末までに総額4兆元（57兆円）にのぼる大規模な景気刺激策を行なうことを発表した。いまや中国もケインジアンというわけだ！　日本も例外ではない」（『いまこそ、ケインズとシュンペーターに学べ』吉川洋《よしかわひろし》、ダイヤモンド社、２００９年2月）という雰囲気だった。ケインジアンとは、賢い政府が富の分配に積極的に関与することによって、より幸せになると考える人たちだ。

ところが、民主党政権が空中分解し、中国経済の停滞も鮮明になってくると、新自由主義の逆襲が始まった。

「グリーンスパンの言った『一〇〇年に一度の危機』とは、政策当局の言い訳であり、市場経済に基づく資本主義自体を揺るがすような事態とはほど遠い。金融危機に際しては政府が最終的に金融機関を救済するという暗黙の前提は、今回の経済危機でも成立したが、その結果、先進国の多くで財政収支が大幅に悪化し、将来の税負担の増大を余儀なくされた」（『新自由主義の復権』八代尚宏《やしろなおひろ》、中公新書、２０１１年8月）

そして、２０１２年から２０１３年にかけての株価上昇局面では、「やっぱり、ビジネス・フレンドリーな政権でないとダメだ」という声がそこかしこから聞こえてきた。

危険な「市場」の擬人化

どちらが正しいのだろうか。経済専門家は、自説に都合のよい現象だけにことさら注目して、本来は人格すら持たない「市場」という得体の知れないものを主語にして、「市場は懸念している」、「市場は満足している」などと、自分の思いを「市場」に語らせる傾向があるので、「市場の声」には慎重にならなければいけない。人格なき市場の神格化は、さらに危険である。

そもそも市場には常に「売り」と「買い」という正反対の考えが存在し、正反対の考えが同時に存在することから価格が成立している。したがって、そこに「一つの意思」など存在しない。市場に優れている点があるとすれば、売りと買いという二つの声（ダブル・ボイス）が存在していることであろう。旧ソ連や、毛沢東時代の中国など、経済崩壊に見舞われた体制の特徴は、意思決定が一つの声（シングル・ボイス）で行われていたことだ。それにもかかわらず、たった一つの「市場の声」があるというなら、それは市場の否定であり、「売り」と「買い」、どちらかの立場に肩入れしていることを意味している。たとえば、『日本経済新聞』が「市場の声」と書く場合、私はそれを「資本の声」と読み替えるようにしている。そのほうが、わかりやすくなるからだ。

市場は千里眼を持っており、あらゆる事象を織り込んでいる、したがって、その市場で決定された価格に従えば、資源配分を間違えることはないという効率的市場仮説を信奉している経済学者もいる。しかし、価格の読み方はそう簡単ではない。

政治への過大評価と過小評価

たとえば、2009年に民主党が政権を取った時の株式市場（TOPIX）のPER（株価収益率）は、約30倍であった。過去10年の平均値（16倍）からすると、かなり割高になっていたのである。リーマンショックを受けて企業業績が急速に悪化し、赤字企業が続出したにもかかわらず、すでに株価は企業の純資産、すなわち解散価値の水準まで下げていたので、それ以下に下がらなかったからだ。PBR（株価純資産倍率）の1倍（株価＝純資産）が、いわば株価のセーフティ・ネットになった格好だ。

当時の株価は目盛りが0度までしかない温度計にたとえることができる。気温がマイナス10度まで下がっても、温度計はずっと0度のままである。

一方、PERは「株価÷利益」だ。株価が下げ渋り、利益が急減すると、PERは急上昇する。割高になった株価の調整は、2011年頃まで続いた。リーマンショック後の日本株は、価格で調整できなかった分を、時間をかけて調整したのだ。株価は、利益と違ってマイナスにならないので、どうしても企業の解散価値で下げ渋る。その下げた状態から株価が上がるためには、利益が増えてこなければならない。それには時間がかかるのである。気温がマイナス10度からマイナス5度に上がっても、温度計はずっと0度のままなのである。

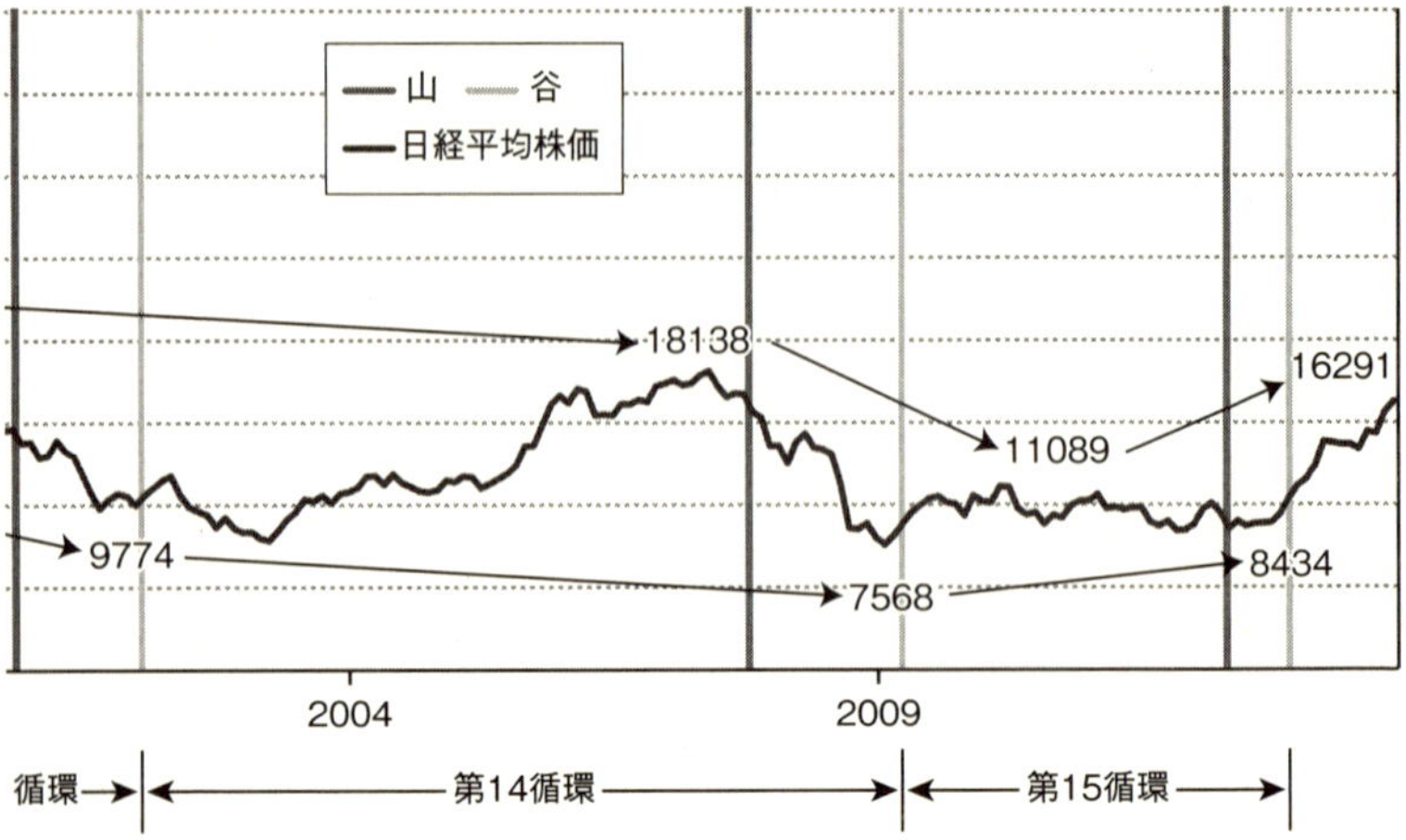

日本株がこのようにぐずぐずしている間、米国などの株価は、ＰＢＲが高く、下げ余地があったものだから、株価は業績の悪化に素直に従って急落し、業績回復からＶ字型に反発した。こちらは、「谷深ければ山高し」であった。

　その反発局面だけを取り上げて国際比較をすると、いかにも日本株の動きが鈍く見える。たまたまその時に政権交代が起きたこともあり、政治が悪いからだという話になった。「市場」は民主党政権を嫌っている、と理解された。むろん、民主党政権も迷走していたが、民主党の不首尾だけが株価低迷の理由ではない。

　自民党政権であったとしても、株価の日柄《ひがら》調整は不可避であっただろう。２００９年から２０１１年頃は、ＰＥＲやＰＢＲという指

1989年以降の景気循環と株価の天井・底（月足）

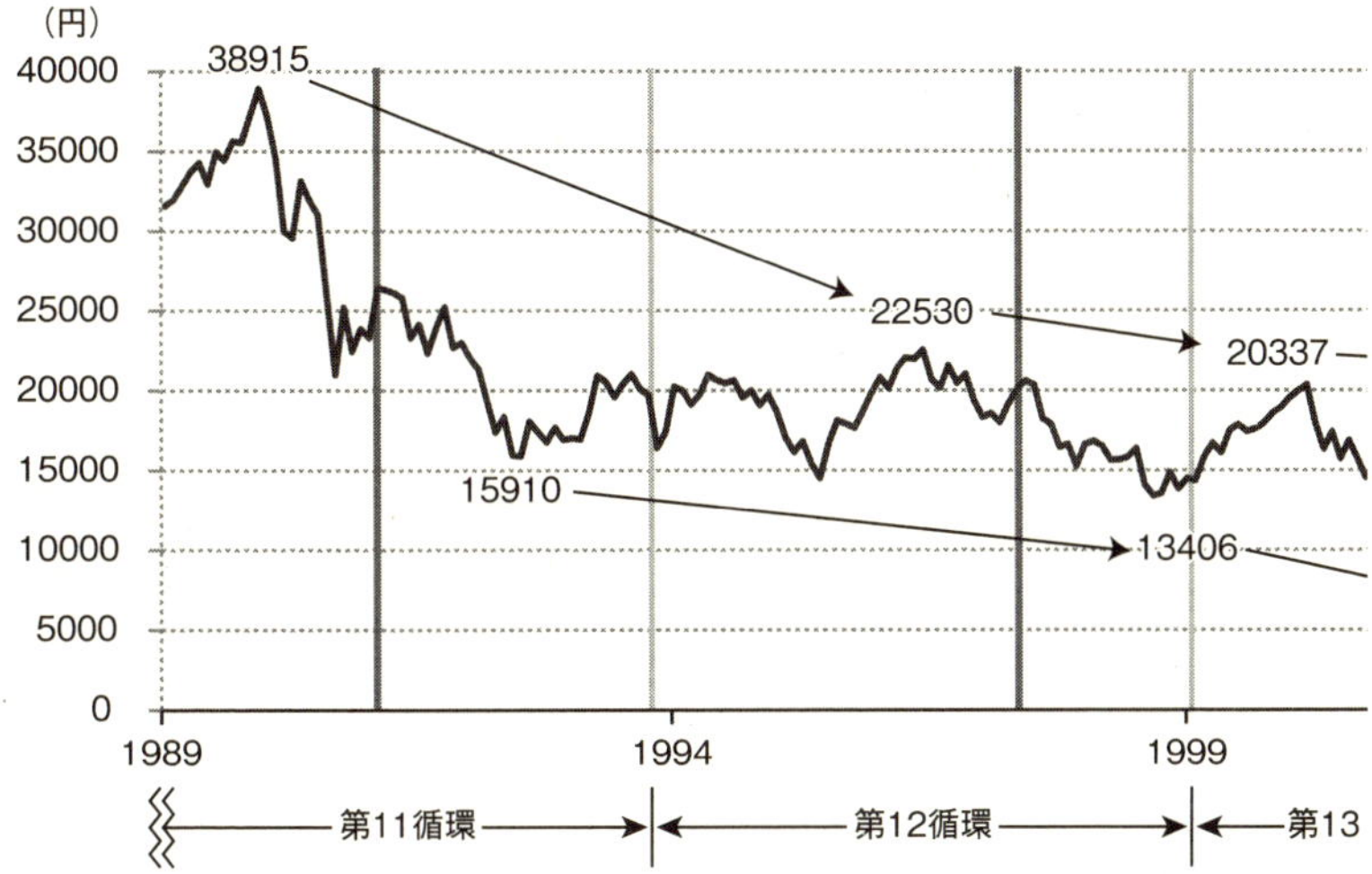

標を合わせて観察することなく、株価だけを見るなら、政治に対する過小評価が生まれやすい時期であった。こうした過小評価は、次の政権の過大評価につながる。価格を見れば資源配分を間違わないというが、価格の見方が表面的だと、我々の気分は過小評価と過大評価の間で激しく振れることになる。それは、国政選挙ごとの議席配分の大きな振れにもつながっているのではないか。

いずれにせよ、世の中は常に動いている。少し時間軸を長く取ってみると、勝者は敗者になり、敗者が勝者になっている。売りが買いになり、買いが売りになるようなものだ。

したがって、途中で、「論より証拠」「勝負あった」「問答無用」と議論を止め、思考停止に陥ってはいけないのだ。自分の考えが否定されることを怖れてはいけないし、怖れる必要もない。勝ち逃げを焦ると、居丈高《いたけだか》な発言とは逆に、臆病者に見えるので注意が必要だろう。

良くも悪くも、競馬や麻雀のように勝ち逃げはできないのである。「アベノミクス」が流行語になったのは、その経済政策の方向性もさることながら、たまたま日本株が「底入れを確認する」動きを見せていたことも重要であったと思われる。「底入れ」したからではない。「底入れを確認」したことに意味があるのだ。この違いには、ちょっとこだわっておきたい。

底入れを確認した日本株

「底入れ」と「底入れの確認」の違いは何か。それを理解するには簡単なチャート分析の知識が必要だ。まず、そもそも「上げ相場」とは何かというと、高値が「前回」の高値より高く、安値も「前回」の安値より高いという値動きが連続する状態である。逆に「下げ相場」は、高値が「前回」の高値を上回ることができず、安値は「前回」の安値を下回る状態である。鋭い読者は、すでに、何をもって「前回」というのかと突っ込みを入れていることだろう。「前回」を恣意的に解釈すれば、何とだって言えてしまうからだ。したがって、なるべく判断には客観性を持たさなければならない。客観性を持たせるためには、いわゆる「第三者委員会」による判断が必要だ。それについてはすぐ後で説明する。

いずれにせよ、相場は、一本調子に上がったり、下がったりすることはない。上昇と下降を繰り返しながら、ジグザグとトレンドが形成されていく。しつこいようだが、「上昇波」に続く「下降波」の終わりの価格が、「上昇波」の始まりの価格よりも低いのが下げ相場だ。2万円から2万5000円に上がっても、次の下げで1万5000円まで下がるようなら下げ相場だ。いわゆる「失われた20年」というのは、20年近く続いてきた「下げ相場」のことを意味している。日経平均株価は、上げ下げを繰り返しながらも趨勢《すうせい》的に、すなわちトレンドとして下げ続けてきた。

この株式相場の値動きに、景気循環を重ねてみよう。それによって、何が「前回」なのかがはっきりする。一般的に景気が良ければ、企業業績は改善し、株式相場は上昇するものだ。景気が悪いと企業業績は悪化し、株式相場は下落する。

景気循環は「谷」から「山」へ上り、「谷」へと下る、上げと下げで、つまり拡大と後退で、一つの循環として認識される。いつが「山」でどこが「谷」なのかという景気基準日付は、政府の景気動向指数研究会での議論を経た後、経済社会総合研究所長が設定する。これが、前述の「第三者委員会」だ。2013年現在の日本の景気循環は、第二次世界大戦後から数えて第16循環である。ということは、だいたい1循環が4~5年だ。この4~5年という数字を少し覚えておいてほしい。

3分でできるトレンド確認

1990年になった途端に始まった株価の暴落は、第11循環の山（1991年2月）から谷（1993年10月）へと続くバブル景気の崩壊を先取りしていた。

その後、超円高を経て、消費税増税、そして金融危機で終わる第12循環（1993年10月〜1997年5月〜1999年1月）、ITバブルの生成と崩壊の第13循環（1999年1月〜2000年11月〜2002年1月）、新興国の台頭から、小泉改革を経て、リーマンショックまでの第14循環（2002年1月〜2008年2月〜2009年3月）、民主党政権誕生から欧州債務危機までの第15循環（2009年3月〜2012年4月〜2012年11月）と、4つの景気循環があった。

現在は、安倍政権誕生とほぼ同時に始まった第16循環の山に向けて拡大している局面であると認識されている。

1990年以降の日本では、景気の「谷」に相応する安値が、必ず「前回」の景気の「谷」に相応する安値を下回っていた。このように景気循環を使うことで、「前回」の意味に客観性が与えられるだろう。いずれにせよ典型的な「下げ相場」が続いてきたわけだ。具体的に言うと、92年の1万4309円より、98年の1万2879円が安く、2002年の7607円はそれよりも安く、２００９年の７０５４円は、さらに２００２年の安値よりも安くなった。

なお、景気の「谷」と株価の「安値」の日時は必ずしもピッタリ一致はしない。場合によっては1年程度ずれる。したがって、どの株価の「安値」を、景気の「谷」に対応させるかは論者によって微妙に異なってくるが、結論が根本的に変わるような大きな違いも生まれない。誰が見ても、それほど解釈に差は生じない。

さて、２０１２年11月頃に終わったと思われる第15循環では、２０１２年の安値が８１６０円と２００９年を上回り、現在の第16循環の高値が、第15循環の高値（２０１０年の１万１３３９円）を上回ってきたのである。

20年近く続いた下げ相場が終焉し、上げ相場に転換したことを確認する値動きに転換したということだ。「下降波」の終わりの価格が、「上昇波」の始まりの価格よりも高かったのである。２００９年の「底入れ」を、我々は２０１２年から２０１３年にかけて、ようやく「確認」したわけだ。このように、長期トレンドの終焉を値動きの面から確認するには、一つの景気循環を丸ごと使う程度の時間が必要になる。すなわち、4～5年だ。認識が実際の天井や底をつけたタイミングから数年遅れるというのはそのためだ。

「登り」より大切な「降り」

それにしても、2012年の景気の「谷」に対応する安値が、2009年の景気の「谷」に対応する安値を上回ったのは、すごいことなのである。1990年以降では、初めてのことである。日本経済新聞が一面トップで報道してもよい出来事なのだが、彼らにはそういうセンスはないだろう。1万円や1万5000円という「節目」の価格を突破した時には大きく取り扱うが、必ずしも大台には関係のない本当の「節目」がどこかを理解していないからだ。特に、「上げ相場」の議論をしている時に、「安値」が前回の「安値」を下回らなかったことの重要性は無視されがちである。「上げ相場」の議論なら、「高値」をいかに上抜いたのかといったことに注意が向かいがちである。

ちなみに、これまでも、「ようやく株式相場が長期低迷から抜け出したのではないか」という糠喜びは何度もあった。たとえば、1999年から2000年にかけての上昇相場では、折からのITブーム、新興企業の活躍もあって、新しい時代の到来を予感させた。株式相場も急騰した。しかし、米国のITバブルが崩壊すると、日本株も急落し、第13循環の「谷」に相応する安値は、第12循環の「谷」に相応する「前回」の安値を下回ってきたのである。

第14循環の「谷」から「山」にかけての値動きは、小泉政権から第一次安倍政権に当てはまる。ここでも、「改革」をキーワードに、今度こそ日本は生まれ変わったという認識が強まった。しかし、第14循環の「谷」に相応する安値もまた、第13循環の「前回」の安値を下回ってしまったのである。相場が転換したのかどうかは、「次」の景気循環を丸ごと見ないと何とも言えないものである。景気循環の上げ局面だけに注目していると、糠喜びに終わってしまう危険性がある。史上最高齢の80歳で、エベレスト登頂に成功した三浦雄一郎氏が、「登ったこと以上に、生きて帰れたことが意義深い」と語っておられたが、景気も同じである。

実は二度目のアベノミクス

ここで、少し横道にそれる。「アベノミクス」という言葉が使われたのは、第二次安倍政権が初めてではないという話だ。第一次安倍政権の際にも、「アベノミクス」という言葉は使われている。２００６年10月2日の衆院本会議で自民党の中川秀直幹事長は、「アベノミクスの基本哲学は企業活動が活性化すれば雇用が増え、税収が増えるというもので、経済成長と財政再建は矛盾しない」との内容の発言をしていた。

ただ、この時には、「アベノミクス」という言葉は流行語にはならなかった。株式相場の値動きから判断する限り、まだ「底入れ」を確認した相場ではないことを、市場参加者がなんとなく感じていたからではないか。景気がピークアウトした後の、次の下げ相場がどの程度で止まるのかがすべてであることを、皮膚感覚で理解していたのである。

案の定、リーマンショックを受けた下げ相場で、日経平均株価は、あっさりと前回の景気の「谷」に相応する安値を下回ってしまう。中川幹事長が「アベノミクス」だと胸を張った好循環は実現せず、小泉改革の成果と思われた上げ相場は、その上昇分をすべて吐き出してしまう。

今回、安倍首相のみならず、「アベノミクス」という言葉も再登板したわけだが、これだけ人口に膾炙《かいしゃ》したのは、「失われた20年」からの脱却を確認する値動き、すなわち、今回の安値が前回の安値よりも高く、今回の高値が前回の高値よりも高いという値動きに合わせて使われたからであろう。私は、そう解釈している。

むろん、アベノミクスの信奉者にとっては、アベノミクスこそが20年来の下げ相場を終わらせる値動きを生み出したという評価になるのであろうが、本当にそうだろうか。この値動きの検証は後ほど行うが、それよりもまず、「資本主義の終わり」「ニュー・ノーマルだ」という強烈な悲観論が支配的であった2009年の安値があまりにも酷《ひど》くて、誰がどう失敗しても、もうそれを下回ることはないという状況であったことが重要だったのではないか。「アベノミクスが救った」というよりも、「リーマンショックに伴う下げが、救いようのないほどきつかった」ということだ。

下げ相場は狂気で終わる

繰り返しになるが、上げ相場とは、直近の安値が、前回の安値よりも高くなることが条件だ。前回の安値があまりに低いと、それを上回ることは容易になる。

2012年の夏から秋にかけて、欧州の危機は深刻になる一方、日中関係も一触即発の状況であった。スペインやイタリアまでギリシャのように破綻に瀕するのではないかと真顔で心配されていた。中国では日本製の自動車が叩き壊され、レアアースの対日輸出も止まった。消費税増税法案を巡って日本の政局は混迷し、原発反対派は毎週金曜日に首相官邸を取り巻き、野田政権は立ち往生していた。外資系金融も日本市場に見切りをつけ、事業規模の縮小、撤退が相次いだ。それでも、日経平均株価は底割れを免れた。言い換えると、それほど2009年の安値は強烈であったことになる。

それは、そうだろう。2000年から2009年にかけての10年間における米国の株式リターンは、ほぼ0%だ。10年間、株式を持ち続けて、まったく儲からないという話である。米国の株式相場がそこまで低迷したのは、1930年代の大恐慌と、「株式の死」と呼ばれた1970年代しかない。約30年に一度の大スランプであり、我々は、それに付き合わされたのである。

日本の「失われた10年」は、後に法学者の石黒一憲《かずのり》氏が「1997年の狂気」と呼ぶ行革・規制緩和の大合唱を経て、1998年の金融危機で陰の極を迎えた。だから、1999年の経済白書は「再生」という言葉を使った。それからの10年の主役は米国だ。ITバブルの崩壊に伴う七転八倒に我々も付き合った。日本の「失われた10年」と米国の「失われた10年」で、合計20年失った格好だ。その米国の狂気が、2008年のリーマンショックであった。

そこで戦況を一変するスーパーマンのようなヒーローが現れたわけではないが、ボロボロになりながらも、最終防衛ライン、すなわち、大恐慌でも、株式の死でも破られることがなかった「10年間で0%」というサポートを守り抜いたことが、反転攻勢の文字通り「きっかけ」になったのである。

どんなに酷い二日酔いでも、いずれ酔いは醒める。誰が政策担当者になっても、平均回帰としての反転攻勢が約束されていたタイミングであったと言えよう。それは、バーナンキFRB議長による「無期限に緩和を続ける」や、ドラギECB総裁の「無制限に南欧の国債を購入する」といった「悲痛な叫び」を聞けば、そして、その含意《がんい》を考えれば、逆説的に理解できたことだ。

第3章　「100年に一度の危機」からの正常化

「戦力の逐次投入をせず」への違和感

欧米の中央銀行が、無期限、無制限と言うものだから、前述のように、安倍自民党総裁も、2012年11月の講演で、無制限に日銀に緩和をさせるという主旨の発言を行った。

日本も欧米と同じ程度の金融緩和を行うということで、市場参加者はこの発言を好感したが、そもそも、当時の日本の何が異常値であったのだろうか。何が超割高で、何が超割安で、何の平均回帰を狙っていたのだろうか。狙いは「円高の是正」なのか、「株安の是正」なのか、何を根拠に無制限という言葉を使ったのであろうか。

異常であったのは欧米だ。日本は、そのとばっちりを食らっていた。主体的に問題を解決できる状態ではなかったと言える。高熱に苦しむ友人が解熱剤を飲んで少し元気になったのを見て、平熱の自分も解熱剤を飲むようなものだ。しかも、無制限に薬を飲むと言う。平熱なのに解熱剤を飲むと、効果がないから、それこそ無制限に飲み続ける危険性がある。無制限という言葉を使う以上は、頭の中に「結果的に、そうならない」という計算が立っていなければ、政策担当者として無責任である。

そう言えば、2013年4月4日の記者会見で、黒田東彦日銀総裁は量的・質的金融緩和について、こう言った。

「これまでとは次元の違う金融緩和です。まず、第一に、戦力の逐次《ちくじ》投入をせずに、現時点で必要な政策をすべて講じたということです」

この「戦力の逐次投入をせず」は、異次元緩和の代名詞になった。太平洋戦争の天王山と呼ばれるガダルカナル島を巡る攻防戦の敗因の一つに「戦力の逐次投入」が挙げられている。それ以降なのか、それ以前からなのかは定かではないが、「戦力の逐次投入は悪」という刷り込みが私たちにはあるようだ。したがって、「戦力の逐次投入をせず」という姿勢は、一般的には好感をもって受け止められた。

しかし、私は違和感を覚えた。というのも、金融政策は、もともと戦力の逐次投入が常識だからだ。たとえば、利上げにせよ、利下げにせよ、一気に5%を上げたり下げたりすることはない。結果的に5%上げる場合でも、0・25%ずつ20回に分けて上げたりするものだ。

私たちが風邪をひいて、薬を1週間分もらってきたとしよう。普通はしない。明日は大切なプレゼンがあるからと、1週間分の薬を一気飲みしたりするだろうか。効果があると思われている薬は、効果がある分、慎重に飲むものだ。あるいは、「百薬の長」と呼ばれても、酒を一気飲みすれば、下手をすれば急性アルコール中毒で死ぬ。逆に、水なら一気飲みできる。要するに、効く薬は、毎食後に1錠ずつ逐次投入するものなのである。それを一気に飲み干すというのは、酒を水だと言っているようなものだ。

それで「戦力」とは何か？

繰り返しになるが、日本人は戦力の逐次投入による失敗に、ある種のトラウマがあるようだ。しかし、あらためてクラウゼヴィッツの『戦争論』（岩波文庫）を読むと、戦力の使い方は、ケース・バイ・ケースだと書いてあるのである。

クラウゼヴィッツが戒《いまし》めているのは、むしろ、「かくべつ明白な理由がないにも拘らずただ従来の遣り方がこうであったからという漠然とした感情に従って、兵力の分割や分離が行われてきた」（上巻P310）ということである。問題にされているのは、戦力の使い方というよりも、その使い方を決めるに至る我々の思考のあり方であり態度である。深い考えを欠いた惰性的な戦力の逐次投入は良くないということだ。言い換えると、かくべつ明白な理由がなく、「戦力の逐次投入は悪だ」という教訓に従って、その逆をやるのも危険なのである。

これに関連してもう一点。むしろ、日本人が太平洋戦争の教訓にすべきは、戦力の逐次投入もさることながら、圧倒的に戦力が不足していたことではないか。その意味で、黒田日銀総裁の記者会見において、記者が聞くべきであったのは、戦力の使い方もさることながら、「戦力とは何か」という定義である。

金融政策における「戦力」とは、伝統的には「金利」だろう。その戦力が枯渇したので、非伝統的な政策を余儀なくされているわけだ。日本の金融政策の問題は、戦力の使い方ではなく、戦力がなくなったことなのである。そこで新戦力として期待されているのが、まさに「期待」なのである。

もっとも、期待に働きかけるためには、「日本銀行が無責任な中央銀行であることを人々に確信させることが必要」というのは、米国の経済学者ポール・クルーグマンの言葉だ。しかし、日本の政策担当者はそこまで確信犯的に無責任を装っているのだろうか。消費税増税を巡る黒田日銀総裁の発言（「消費税率の引上げを先送りした場合の金融市場あるいは経済に与える影響は、なかなか見通すことは難しいわけですが、やはり、大切なことは、財政運営に対する市場の信認をしっかりと確保することです」９月５日の記者会見）には、徹底的に無責任にはなりきれない中途半端さが表れている。景気減速よりも財政再建の遅れを気にしているのは、良くも悪くも常識人である。

「バブルの正体」は循環論法

計算というのは、論理である。相場において論理で語れるのは、平均回帰だけである。割高だから売られる。割安だから買われる。これは、論理である。しかし、そもそも、割高とか割安という現象は、適正水準から、これといった理由なく買われたり、売られたりした結果である。このように、適正水準から割高になるべく買われたり、割安になるべく売られたりする値動きは、論理では説明できない。理屈に合わない非論理的な値動きを論理で説明するのは不可能である。

それを無理に説明する言葉が、実は「期待に働きかける」という言葉なのである。あえて言い換えるならば、「みんながそう思うからそうなる」としか言えない。むろん、現実の相場においては、「みんながそう思うからそうなる」という「バブル」は何度も起きている。しかし、起きているからといって、それを起こすことはできない。両者（「起きること」と「起こすこと」）には、天と地ほどの差がある。ちなみに、私にとっての「バブル」の定義は、「みんながそう思うからそうなるという値動き」である。バブルの正体は、循環論法である。

欧米の政策担当者の言葉には、こうした発想を見ることはできない。たとえば、2012年12月12日のFOMC後の記者会見で、バーナンキFRB議長はこう言っている。

「誤解のないように、はっきりさせておきたいのだが、中央銀行のバランスシートとインフレ期待の間には何の関係もない」

バーナンキFRB議長はインフレ期待を起こすことはできないと言っているに等しい。逆に、黒田日銀総裁は、日銀のバランスシートを膨らますことによるインフレ期待に、それこそ期待をかけている。

しかし、バーナンキFRB議長が、あっさりとバランスシートの大きさ、すなわちお金の量と、インフレ期待の関係を否定しているということは、「電灯のスイッチをオンにすれば灯《あか》りがつく」というほどの明確な関係が、「異次元緩和」と「インフレ期待」の間にはないということだ。

実際、ＦＲＢのバランスシートの規模は、２００８年から２０１３年までの5年間で、約１兆ドルから、約４兆ドルへと急増している。しかし、米国のブレーク・イーブン・インフレ率は、２％台前半で安定的に推移している。インフレ期待は、まったく盛り上がっていないのである。だから、論理ではなく循環論法を持ち出して、「みんながそう思うからそうなる」と言わざるを得なくなる。そうなると、「暗闇に目が慣れた」という程度の話でも、灯りがついたと騒ぐことになったりする。あるいは、隣の家についた灯りを、自分の家の灯りだと勘違いすることも起きる。２０１２年秋からの為替相場や株式相場の値動きには、多分にそういう面があるので、これからその説明をしよう。

絶望した大衆が求める奇跡

まず、事実関係を時間軸に沿って整理しておこう。野田佳彦首相が衆議院の解散に言及したのは、２０１２年11月14日に行われた安倍自民党総裁との党首討論においてであった。「『近いうちに』というのは嘘ではない。小学校の時、『正直の上にバカがつく』と通知表に書かれ、おやじに誉められた」という話を披露しながら、野田首相は、16日にも解散の約束を実行すると言い切った。

翌15日に開催された講演会で、安倍総裁は「政府と日銀が同じインフレ目標を持ち、目標達成のために無制限に緩和していくことで初めて市場が反応していく」と述べ、インフレ目標の達成のため、日銀が国債などを無制限で買い入れていくことを求めた。総選挙を実施すると、政権交代が実現するのは自明との認識のもと、市場関係者は、「安倍総裁」の発言を「安倍首相」の経済政策であると受け止めた。

総選挙が実施されたのは12月16日だ。大方の予想通り、自民党が294議席を獲得し圧勝した。

日銀が「物価安定の〝目途〟」という文言を取り下げ、「物価安定の〝目標〟」という言葉に切り替えたのは2013年1月22日であった。それまで、日銀は「中長期的な物価安定の目途」として、「消費者物価の前年比上昇率で2%以下のプラスの領域、当面は1%を目途」としていたが、「目途」から「目標」という表現に替えたうえで、その目標を「消費者物価の前年比上昇率で2%」とした。日銀には独立性が付与されているものの、民意を無視することはできなかったということだろう。

「民意」といえば、あの『もしドラ』で再ブレークしたドラッカーの処女作『「経済人」の終わり』(ダイヤモンド社)に興味深いエピソードが紹介されている。これはドラッカーの本ではあるが、マネジメントに関するものではない。第二次世界大戦前の欧州のファシズムについて書かれた「政治の書」である。大恐慌を受けて絶望した民衆は、「絶望ゆえに奇跡に頼った」というのが、そのエッセンスである。

では、「奇跡」とは何か。ゲッベルスが１９３２年に行った演説からドラッカーは次の部分を引用している。

「小麦の価格を上げつつ、パンの価格を下げる」

そんなことはできるはずがないのだが、農民も、消費者も、民衆はその奇跡を支持したのだと。「インフレ期待を上げつつ、長期金利を下げる」という量的・質的金融緩和は、この小麦とパンの話に少し似ている。しかも、それが民意であるから、逆らえないという意味においてもだ。

外部への憎悪とポピュリズム

民意で、もう一つ思い出すのは、政治学者である杉田敦氏の『政治的思考』（岩波新書）である。彼はポピュリズムを「多数派にとって不都合な問題をすべて外部に原因があるとすることで、真の問題解決を避ける政治である」と定義している。日銀は、独立性を獲得した結果、ある意味で「外部」になったのである。

戦時中の１９４２年に制定された旧日銀法の第２条では、「日本銀行ハ専ラ国家目的ノ達成ヲ使命トシテ運営セラルベシ」と定められていた。総裁・副総裁は内閣による任命であり、政府による役員の解任権も明記されていた。旧日銀法時代は、日銀を大蔵省の本石町《ほんごくちょう》出張所と揶揄《やゆ》する声もあった。もっとも、出張所なら、出張所の不始末は本店（大蔵省）の責任になる。「身内」を一方的に責めるわけにはいかない。しかし、独立して「外部」になると話は変わる。

これは後知恵だが、独立して外部になった途端、ポピュリズムの餌食になる危険性に備えるべきであったと言えよう。かつての白川日銀は、まさに、デフレという「不都合な問題」の原因であると糾弾されたのである。

その白川方明《まさあき》日銀総裁が、「『期待に働きかける』という言葉が、中央銀行が言葉によって市場を思い通りに動かすということであれば、そうした市場観や政策観に私は危うさを感じる」という言葉を残して退任したのは２０１３年3月19日だ。ガリレオ・ガリレイが異端審問の際につぶやいたとされる「それでも地球は回っている」を彷彿とさせる記者会見であった。

リフレ派の期待を背負って黒田東彦氏が第31代の日銀総裁に就任したのは、3月20日。この日が春分の日で、休日だったので、辞令交付は翌日の21日になった。そして黒田日銀総裁は4月4日に、「量的・質的金融緩和」の導入を決定、記者会見では、「市場・経済主体の期待を抜本的に転換させる効果も期待できると思います」と「期待」への「期待」を表明した。

２０１２年11月14日から、日銀がインフレ目標を採用した２０１３年1月までのドル円相場および日経平均株価の値動きを見ると、確かに円安・株高になっている。それだけを見れば、為替相場も株式相場もアベノミクスを囃《はや》して円安、株高に反応したかのようである（なお、「アベノミクス」という言葉が、２００６年以来、久しぶりに「復活」したのは、『日本経済新聞』的には２０１２年11月26日である）。むろん、そういう側面を否定はしない。流れに棹《さお》さした面はあろう。ただ、ここで見落としてはならないのは、その「流れ」である。

バブルを巡る「点と線」

「流れ」をつかむためには、目を世界に転じなければならない。日本がアベノミクスを囃し始めた頃、次のような変化が同時に進行していた。すなわち、欧州の債務危機が最悪期を脱しつつあったのだ。資金逃避からの利回り上昇に悲鳴をあげていたスペインやイタリアといった南欧諸国の国債利回りが下がり始め、逆に逃避資金の受け皿として買われていたドイツの国債利回りが上がり始めていたのである。

南欧諸国の国債利回りとドイツの国債利回りの差は、財政リスクプレミアムを反映している。財政リスクプレミアムとは、財政破綻を心配する投資家が要求する上乗せ金利だ。その財政リスクプレミアムが縮小に転じてきたのだ。

すると、「ユーロ破綻」を織り込むように買われ、ドイツ国債と同じように利回りが急低下していた米国の国債利回りも上昇に転じてきた。南欧の国債に対する逆バブルと、米独の国債に対するバブルが同時に崩壊し始めたのである。

なぜ、このタイミングで欧州の逆バブルが崩壊したのか。それには特に理由はない。行きつくところまで行ったたというほかない。1989年12月末というタイミングで日経平均株価が天井をつけたことに、理由がないのと同じである。

FRB議長であったグリーンスパン氏が「バブルは弾けてみないとバブルであったとわからない」と言ったが、「さすがに、こんな価格はおかしい」というのは、だいたいわかる。バブルはバブルと認知されている。ただ、それが弾けるタイミングを正確に言い当てることは難しいのである。したがって、転換点という「点」に賭けるよりも、バブルと知りつつ、バブルというトレンド、すなわち「線」に賭けるほうが、トレードとして妙味があるとも言える。当たり前のことながら、「点」より「線」のほうが長い。

ギリシャ危機と消費税増税

では、転換点をどのように認識すればよいのか。強いて言えば、非論理的なはずのバブルを肯定するような新理論が提示されたり、バブルを新しい常識とみなすような行動が示された時が危ないと言える。バブルの終わりは、理屈というよりも、この種の社会現象によって測るほかない。

たとえば、２０００年のＩＴバブルがピークをつけた際の社会現象は、新興ネット企業のＡＯＬと老舗メディアのタイム・ワーナーの合併であった。当時、ＡＯＬに代表されるネット企業の株価は、利益では説明できない水準にまで高騰していた。利益で説明できないので、ホームページへの訪問客数で株価を説明するという尺度まで考案されたりしていた。そんな時に、両社は株式交換を通して合併したのだ。株式を交換する以上は、お互いにその価値を認めていることを意味する。力の強い猿が、蟹から、交換と称して柿の種でおにぎりを取り上げたのとは話が違う。それを見たマスメディアは、ついにＡＯＬの株価の妥当性が認められたと報じたものだ。それが、ＡＯＬ株のピークであった。

その意味で、欧州債務危機という逆バブルの終わりを知るうえで、シグナルだったのではないかと思われる社会現象は、日本の消費税増税法案の成立であった。２０１２年8月10日のことである。「なんで、日本の消費税が関係あるの？」という声が聞こえてきそうだ。欧州債務問題という逆バブルが終わる「カタリスト」は何かという質問に対して、「それは、日本の消費税増税法案の成立だ」と答えていたなら、ほとんど理解されなかっただろう。しかし、相場的に言えば、この日が転換点だ。

歴史に「もし」はないが、もし、欧州債務危機が起こっていなかったなら、２０１２年8月というタイミングで消費税増税法案が成立することはなかったであろう。実際、4年間は消費税を上げないと公約していた民主党が２００９年に政権を取ったばかりであったのであるから。では、なぜ彼らの考えが180度変わってしまったのか。

財務省より怖い通貨マフィア

それは、朝日新聞の伊藤裕香子氏の『消費税日記　検証 増税786日の攻防』（プレジデント社、以下『日記』）や、日本経済新聞の清水真人《まさと》氏の『消費税　政と官との「十年戦争」』（新潮社、以下『十年戦争』）を読めば理解できる。少し横道にそれるが、消費税増税法案成立に向けての軌跡を振り返ってみよう。伊藤氏によると、消費税論議が始まったのは、2010年6月17日だ。

この日、菅直人首相は、「消費税について、あるべき税率や逆進性対策を含む改革案を、今年度中にとりまとめていきたい。なお、当面の税率については、自由民主党が提案をされている一〇％という、この数字を一つの参考にさせていただきたい」（『日記』P23）と語った。2010年夏の参院選に向けて民主党が開いたマニフェストの発表会見の場であった。

この時の心境を聞かれた際に、菅氏は「とくに急ぐ必要があると強く意識し始めたのは、ギリシャ危機が起きてからです」（『日記』P37）と振り返っていた。原体験は、2010年2月にカナダのイカルイトで開催されたG7だ。財務大臣として出席した菅氏は「議論の九割はギリシャの財政危機をどう乗り切るかだった」（『十年戦争』P141）と初体験の驚きを語っている。

菅首相も野田首相も財務大臣を経験してから首相になった。彼らは財務省に洗脳されたという訳知り顔の解説もあるが、むしろ「菅は財務官僚に『洗脳』されたわけではない。……菅を財政健全化の必要性で『洗脳』したとすれば、それは米欧の通貨マフィアたち（引用者注・財政金融政策の担当者）だった」（『十年戦争』Ｐ１４１）ということなのだろう。

ギリシャでは２００９年の政権交代を受けて、旧政権が行ってきた財政赤字の隠蔽が明らかになった。ギリシャの財政状況の悪化が顕在化するなか、格付け会社は相次いでギリシャ国債の格付けを引き下げ、債務不履行の不安からギリシャ国債が暴落していた。株価も影響を受け、世界各国の株価が下落し、ユーロも多くの通貨に対して下落した。日本では、「ギリシャは対岸の火事ではない」と、危機の伝染を懸念する声が急速に増えていた。

菅氏の後を継いだ野田首相も、心境の変化について同じことを言っている。２０１２年7月24日の参議院予算委員会で「何をきっかけに、消費税増税に政治生命を懸けるようになったのか、お尋ねしたい。いつから豹変されたのですか」という質問に対して、こう答えている。総理就任後の11ヵ月で国際会議に13回出席し、首脳会談を約90回行ったことに触れたうえで、「（引用者注・国際）会議に出て、ひしひしと、やっぱり危機感を感じる場面が多々ありました。そういうことが、やっぱり、一つのきっかけではあるとは思います」（『日記』Ｐ１８４）と。

財務大臣であった安住淳氏も「日本が債務問題に挑もうとしないことが、国際会議でどのくらい蔑《さげす》まれるというか、侮られる感覚は、財務大臣の経験者しかわからない」（『日記』Ｐ１８４）

と声を合わせる。

野党であった自民党も同じだ。「（引用者注・消費税増税についての）谷垣自民党の最終判断には深刻化するユーロ危機も重くのしかかっていた。円が同じような危機に陥れば、大変なことになる」（『十年戦争』P286）と、自民党副総裁であった大島理森《ただもり》氏が証言している。

ついでに言っておくと、安倍首相は、この786日間の消費税論議にはほとんど登場しない。「浦島太郎状態で、何も関わっていなかった」（『日記』P324）という自民党関係者の話もある。さらに、第二次安倍政権が始まった頃には、欧州債務危機もかなり落ち着きを取り戻していた。ギリシャ危機に翻弄された前任者たちと温度差があって当然であろう。2013年夏に、消費税増税を予定通り行うのかどうかを判断する際に、安倍首相は慎重というか消極的なスタンスを取っていた。その理由の一つとして、このような外部環境の変化を指摘しておくべきであろう。

要するに、当時の民主党政権は、市場から迫られて、自らのマニフェストのいわば「損切り」をさせられたようなものである。そして安倍政権は、その前任者が最安値で作ったヘッジ売りのポジションをそのまま引き継いだようなものであった。

民主党という曲がり屋

ここで思い出したいのは、「曲がり屋に向かえ」という相場格言である。「曲がり屋」とは、相場で負け続けている市場参加者のことだ。売れば上がり、買えば下がる。常に後手を踏まされている投資家だ。そういう「曲がり屋」を見つけ出して、その逆をやれ、というのが「曲がり屋に向かえ」だ。すなわち、「曲がり屋」が損切ったなら買いである。

民主党政権が「曲がり屋」なら、彼らが欧州の債務危機に追い込まれるように消費税増税法案を成立させたところで、欧州の債務危機は終息することになる。ずっと株を買っていた投資家が、株の値下がりに我慢できずに損切ったところから、株式相場が上昇するようなものだ。相場格言を使うにも、想像力を働かさなければならない。

「曲がり屋」は、何も実際に株を売り買いして、損をしている人だけではない。時流に流されるようにしぶしぶ不本意な決断を迫られるような人は、みんな「曲がり屋」である。エコノミストが消費税を取り上げると、消費税増税の影響で、景気が減速するか否かという話になる。しかし、一歩引いた立場で見ると、その消費税論議に関わっていた政治家などのプレーヤーたちのドタバタ振りが、相場材料として参考になるのである。

民主党政権が欧州債務危機に背中を押されるようにマニフェストに書いていない消費税増税法案を成立させたなら、彼らも立派な「曲がり屋」である。もう一度、消費税増税法案が成立した日付を確認しておこう。２０１２年8月10日だ。

では、投資行動として、その逆を突くなら、何をやればよいのだろうか。具体的には、「南欧の国債を買い、米独の国債を売る」という行動に出ればよいわけだ。そして、日本株を買い、円も売りである。実際、イタリアやスペインの国債利回りがピークアウトしたのは、2012年7月24日だ。米独の国債利回りがボトムアウトしたのは、同じ7月24日である。世界経済は正常化に向かい始めていたのだ。そして、世界的な金融危機のなかで割を食っていた日本株もほどなくして上昇に転じ、ドル円相場も上がり始めた。アベノミクスが登場する前、2012年夏に、潮目は変わりつつあったのだ。

FRBという曲がり屋

なぜ、「南欧の国債利回り」と「日本株」に関係があるのか。理屈はこうだ。

逆バブル的に南欧の国債利回りが上昇したことから、より安全な資産を求める資金が、米独の国債に向かった。その結果、米独の国債利回りが、自国のファンダメンタルズを無視する格好で低下した。ファンダメンタルズとは、その国の物価上昇率や景気動向である。物価上昇率を無視して、米独の国債利回りが低下するものだから、実質金利はついにマイナスになってしまった。ここでいう実質金利は、国債の利回りから、消費者物価の上昇率を差し引いたものだ。後者の水準に関係なく、前者の利回りが下がると、その差はマイナスになる。

なお、米国の国債利回りの低下をFRBによるQE（量的金融緩和）と呼ばれる金融政策で説明するエコノミストも多い。ＦＲＢが国債利回りの低下を促しているから、金利が下がったという話である。むしろ、こちらがコンセンサスであろう。

しかし、その場合、なぜ米国と、ＱＥに関係のないドイツの国債利回りが同時に下がったのかを説明できない。また、実際に、ＱＥと米国の国債利回りの関係を見ると、ＱＥ１もＱＥ２、ＱＥ３も、いずれもＱＥを実施してから金利が上がり、ＱＥが終わってから、金利が下がっている。市場参加者が、こうした量的金融緩和を先取りして、「噂で売って、事実で買う」というトレードをしているからだという解説もあるが不自然である。むしろ、見たままに「ＱＥと金利には、特に関係はない」と認めるべきではないか。

強《し》いて言うなら、間欠的に襲ってくる金融市場の危機に対する後手後手の対応がＱＥなのである。この場合、後手を踏まされるＦＲＢが曲がり屋だ。「曲がり屋に向かえ」なら、ＱＥ実施で金利上昇となるわけだ。なお、ＦＲＢの金融政策でもう一つ注目されているのが、日銀の「時間軸効果」に相当する「フォワード・ガイダンス」だ。フォワード・ガイダンスとは、例えば、金融緩和をいつまで続けるのかを中央銀行が明言することにより、市場参加者の行動に影響を与えようとする政策である。

実際、２０１１年8月のＦＯＭＣ声明で、ＦＲＢは、超金融緩和は２０１３年中頃まで続けると約束した。そうすると、市場参加者は、その頃までは金利が上がらないと安心できるわけだ。

ただ、なぜＦＲＢがこんな約束をしたのかが重要だ。その理由は、ちゃんとＦＯＭＣ声明に書いである。「世界的な金融市場の緊張により、先行きに深刻な下振れリスク」があったからだ。「世界的」とは言うものの、これは誰が読んでも「欧州」のことだと思うだろう。「フォワード・ガイダンス」も、後手後手の対応だったのだ。その証拠に、南欧諸国の国債利回りが低下してきた2013年6月には、「金融市場の緊張が消えた」と書いている。そうなると、もう米国やドイツの国債を緊急避難的に買う理由がなくなる。したがって、金利が急騰したのである。

世界の正常化で上がり始めた日本株

さて、こうした米国やドイツと異なり、もともと金利水準が低く、財政にも不安があった日本国債の利回りは、欧州債務危機を受けても追加的に低下することはなく、実質金利も高止まっていた。その結果、米独と日本の実質金利差は、かつてない水準にまで縮小した。経済活動にとって、実質金利は低いほうが望ましい。それは株式相場にとっても同じである。したがって、日本の株式相場は、米独に比べて見劣りするようになる。一方、為替相場では実質金利の低い通貨が下がり、実質金利の高い通貨が上がる。この場合ならドルとユーロは値下がりし、円は買われる。

要するに、円高だから株が下がったのではなく、欧州債務危機の深刻化を受けて、相対的に実質金利が高止まりしていた円が上昇し、株も下落したのである。円相場と株式相場に因果関係があったというより、共通の原因を背景にした二つの結果であったということだ。だから、両者は連動しているように見えた。２０１２年夏にかけての株安と円高の背景は、このように整理できる。

したがって、この逆が起きるなら、株高と円安を期待できたわけだ。「この逆」とは、欧州の債務危機が終息し、南欧の国債利回りが低下し、米独の国債利回りが上昇することだ。２０１２年夏から、２０１３年にかけて、まさにこの通りのことが実現し、日本株も反発し、円も安くなった。そして、そのシグナルはほかでもない、「日本の消費税増税法案の成立」であったのである。ここには、アベノミクスは登場しない。

しかし、日本だけを見ているなら、「株高も円安もアベノミクスのお蔭」という話になってしまうだろう。隣の家についた灯りを、自分の家の灯りだと勘違いすることも起きるのである。

第4章　期待はずれに終わった期待

インフレ期待による株高・円安?

2013年1月以降はちょっと話が変わってくる。ここからがアベノミクス、そして異次元緩和の本番である。ただし、その賞味期限は、前述のように4ヵ月であった。もう少し正確に言うと、白川総裁時代の日銀がインフレ目標の採用を決めた1月22日から、バーナンキFRB議長がQE3の年内縮小に言及した5月22日までだ。

日銀が、それまでの「物価安定の目途」という表現を「物価安定の目標」に変えたことから、インフレ期待が上昇し始めた。というか、インフレ期待が上昇し始めたように見えた。ここでいうインフレ期待とは、通常の国債と、物価連動国債の利回りの差として計測されるブレーク・イーブン・インフレ率を使っている。

物価連動国債とは、元金額が物価の動向に連動して増減するものだ。たとえば、物価連動国債の発行後に物価が上昇すれば、その上昇率に応じて元金額が増加する。したがって、インフレヘッジとして使える金融商品である。

仮に、我々が将来の物価上昇を予想するなら、それに応じて元金が増える物価連動国債を買おうとするだろう。すると、物価連動国債の利回りが低下する。一方、通常の国債の元金は、物価が上昇しようが何も変わらないので、むしろ物価上昇分目減りしてしまう。誰も買わないので、通常の国債利回りは変わらない。こうして、通常の国債利回りと、物価連動国債の利回りの間に差が生じる。通常の国債の利回りが５％の時に、物価連動国債の利回りが３％なら、その差の２％が、我々のインフレ期待ということになる。そして、それをブレーク・イーブン・インフレ率と呼んでいる。

ここで、最も重要なことは、どのような時に、我々が将来の物価上昇を予想し、かつ、それが物価連動国債の購入という行動に結びつくのか、ということだ。

黒田日銀総裁などは、ブレーク・イーブン・インフレ率の上昇という現象を見て、国民が物価上昇期待を強めている、それは日銀の政策が変化したからだという因果関係で理解しているようである。このように物価上昇期待が強まると、実質金利は低下することになる。この場合の実質金利は、我々が普段目にしている名目金利から、物価上昇期待、すなわち期待インフレ率を差し引いたものだ。こうした実質金利の低下は、景気を刺激すると同時に、円安をもたらす。したがって株価が上昇する。

あらためて、一連の因果関係を整理するとこうなる。「日銀の変化→物価上昇期待の強まり（ブレーク・イーブン・インフレ率の上昇）→実質金利の低下→株高、円安」である。日銀の覚悟の変化、すなわち「物価安定の目途」から「物価安定の目標」への変化、さらには白川総裁から黒田総裁への変化をきっかけに、好循環が始まったという理解になっているわけだ。

日銀とは無関係だったインフレ期待

しかし、5月22日に、バーナンキFRB議長がQE3の年内縮小に言及すると、米国金利の上昇に弾みがつき、全世界的に株式相場の上昇に歯止めがかかってしまった。ちょうど、ある列車が異常信号を感知して止まると、後続の列車も次々と止まるような状況である。その際に、たまたま最もスピードを出していた列車は、急ブレーキを余儀なくされ、乗客は前に放り出される。それが日本株であった。

日本株は急落し、急落する日本株を横目に円高が進んだ。株式市場の参加者は、円安だから株高になったと思っているのに、為替市場の参加者は株高だから円安になったと考えていた。なので、株安になると円高という反応になったりするのである。いずれにせよ、株安、円高が急速に進むと、日銀は何も態度を変えていないにもかかわらず、ブレーク・イーブン・インフレ率も低下してきたのである。

その時、市場参加者の頭の中は「?・?・?」という感じだったのではないか。その理由を、ゆっくり考えてみよう。

日銀は、「何も、態度を、変えていない」。しかし、ブレーク・イーブン・インフレ率は、低下した。これは、どう考えればよいのだろう。

田舎の両親が、自分の成功を願っていつも励ましてくれていた。だから、仕事が上手くいっていると思っていた。しかし、両親は引き続き、あなたならできると励ましてくれているのに、仕事の成績がどんどん落ちてきた。両親の励ましと自分の仕事との間に、因果関係はあったのだろうか。これと似た状況に市場参加者は陥ったのである。

常識的には、両者の因果関係、すなわち「日銀の変化→ブレーク・イーブン・インフレ率の上昇」に疑問符がつくはずだ。では、日銀のおかげじゃないのなら、なぜ、ブレーク・イーブン・インフレ率は上昇したのだろうか。

答えは、おそらくこうだ。ブレーク・イーブン・インフレ率と、株高、円安の間に、循環論法が成立していたのである。要するに、買うから上がる、上がるから買うという展開になっていたのだ。したがって、何らかのショックで一つが止まると、逆回転が始まってしまう。いわゆるスパイラルだ。その結果、5月から6月にかけての値動きは、非常に急激なものになってしまった。

先ほどの比喩でいうなら、自分の成績が良かったのは、会社の業績そのものが良かったからだったということになる。会社の業績が良いから、社内の雰囲気も良く、自分も気分良く仕事をし、実力以上の結果を出していた。しかし、会社の調子が悪くなると、いくら両親の励ましがあっても、自分の成績も下がってしまった。

静かに暴落していたドル円相場

この一連の株式相場や為替相場の乱高下で明らかになったことがある。「日銀の変化」は、さほど重要な要因ではなかったということだ。

それでも、黒田日銀総裁は「日銀の変化が重要であった」と強調している。２０１３年7月29日の講演会で、次のように語っていた。

「ブレーク・イーブン・インフレ率、これは普通国債利回りから物価連動国債利回りを差し引いたもので、市場の予想物価上昇率を示すものですが、この推移をみると、5月中旬にかけて急上昇した後、その反動で下落しているものの、年初と比較すれば明確に高まっています」

確かに、年初と比較すると、7月末時点におけるブレーク・イーブン・インフレ率も、日経平均株価も、ドル円相場もいずれも高い水準にある。しかし、それは、日本国内の要因もさることながら、外部環境が変化したからである。

ドル円相場を使って考えてみよう。ドル円相場がアベノミクスをはやして１０３円台まで上昇したのは5月17日だった。その際の日米金利差（米国の10年国債利回り－日本の10年国債利回り）は１・１％だった。黒田総裁が前述の講演を行った7月29日には、それぞれ、98円と、１・８％になっている。

日米金利差がこれほどまでに拡大したのは米国の金利が急上昇したからだ。２００５年以降のドル円相場と日米金利差の関係を前提にすると、金利差が１％拡大すると、ドル円相場は20円上昇しても不思議ではない。5月から7月のように、日米金利差が０・７％拡大したなら、14円、円安になってもよかった。しかし、ドル円相場は、１２０円に接近するどころか、１００円以下にとどまっていた。

もし、米国の金利がこれほど上昇していなかったなら、ドル円相場はどうなっていたのだろうか。単純な計算を行うと、90円程度まで下がっていたことになる。むろん、株式相場ももっと安い水準であっただろう。そうすると、株式相場や為替相場と連動しているブレーク・イーブン・インフレ率ももっと下がっていたはずだ。ブレーク・イーブン・インフレ率は、まるで勉強不足の学生がカンニングするように、株価や為替レートの変動を見ているからである。

２０１３年後半、日経平均株価も、ドル円相場も、ブレーク・イーブン・インフレ率も、表面的には年初よりも高い水準で底固く推移していた。結果的に、２０１３年の日経平均株価は41年ぶり、ドル円相場も34年ぶりの上昇率を記録した。しかし、それこそ歴史的な米国の金利上昇、そして「１００年に一度の危機」からの世界経済の正常化という強烈な追い風がなければ、ともに下落していたことであろう。

ある特別なトレーニングを積んだ結果、１００メートル走の記録が劇的に改善したとしよう。しかし、その時の追い風は10メートルだった。当然、記録を比較する際には、追い風の程度を考えねばならないだろう。追い風0メートルの時の記録と、追い風10メートルの際の記録を比べたら、後者がよいに決まっている。それを無視して、トレーニングの成果だと言われても、素直には頷《うなず》けないだろう。ちなみに、たった2ヵ月程度で、米国の長期金利が0・7％も上昇するのは、極めて珍しい現象である。追い風10メートルという比喩は決して大げさではないのである。

日本という国で起きている経済現象を理解するうえでは、海外からの影響を必ず考えなければならない。日本で起きていることを日本の要因だけで理解しようとすると、間違いを犯しやすいので注意が必要である。ある事象の原因を理解しようとする際に、外的な状況的要因ではなく、内的な属性要因を過大評価する傾向を、社会心理学では「基本的な帰属のエラー」と呼んでいる。同じ傾向は、相場の解釈にもよく認められる。

重力と浮力のせめぎ合い

「実質的な暴落」については、直感的に理解しづらいので、二つの「もし」を使って、もう一度整理しておこう。

まず一つ目の「もし」だ。もし、5月以降の米国金利の急上昇、日米金利差の拡大がなければ、ドル円相場は急落し、90円以下にとどまっていたはずである。

たとえば、2012年2月のバレンタイン緩和の際には、インフレターゲットの設定に近づいた日銀の積極姿勢を好感して、70円台であったドル円相場が一気に84円まで上昇した。しかし、欧米経済への懸念から米国の金利が2％台から1％台へと急低下すると、ドル円相場は再び70円台に逆戻りしたのである。2013年は、この逆に米国の金利が1％台から2％台へと急上昇した。2013年の米国金利が、2012年の春と同じように急低下していたなら、やはりドル円相場は急落していたのではないか。

次に二つ目の「もし」である。もし、アベノミクスがなくても、ドル円相場は5月頃まで90円以下でくすぶっていた後、米金利の上昇を背景に、5月以降に急上昇し100円を回復していたことだろう。繰り返しになるが、日米金利差が1％拡大すると、ドル円相場は20円上昇しても不思議ではない。

実際は、この二つの「もし」は、いずれもなかった。現実に日米金利差は拡大したし、アベノミクスへの期待は存在した。それが絶妙な時間差をもって実現したので、日銀の変化はインフレ期待を生まなかったというアベノミクスへの失望に伴う円買い圧力を、米金利の上昇、日米金利差の拡大に伴う円売りが打ち消したのである。その結果、あたかも重力と浮力が相殺するように、ドル円相場は乱高下を繰り返しつつも、水準としては横這いを続けたのである。ドル円相場という価格は横這っていたが、アベノミクスへの評価は暴落していたとも言えるだろう。

強烈な上昇気流のなかで、アベノミクスはスカイダイビングをしていたようなものであった。

米国の債券バブルの崩壊

ここで読者は少し疑問を感じているはずだ。その米国の金利上昇の背景にあるのは、QE3の縮小への懸念だったのか、それとも世界経済の正常化なのか。いったい、どちらが正しいのだろうと。

実は、バーナンキFRB議長がQE3の縮小に言及したことで、米国の長期金利が急上昇したという解釈も、「平均回帰」を「中央銀行の力」と誤認した結果であると言える。間違うのは、日本人だけではないのである。ここで、中央銀行の影響力を知るうえでまず準備しなければならないのは、相場の適正水準を測る尺度である。ここでは、米国の長期金利を相対化しなければならない。

前述のように、相対化するには、割り算をしてレシオにするか、引き算をしてスプレッドを算出すればよい。ここでは、米国の10年国債利回りから、日本の10年国債利回りを差し引いて日米金利差を算出し、これを米国の長期金利の割高、割安を測る尺度にしよう。要するに、日米金利差を株価にとってのPERのように使うのである。株価（P）を利益（E）で割り算した比率（R）がPERなら、米国の金利から、日本の金利を差し引いたものが日米金利差である。割り算と引き算の違いはあるが理屈は同じである。

このようにして求めた日米金利差にはトレンドというものがなく、過去25年間、平均値（２・５％）を中心に、０％から５％のレンジで上昇と下降を繰り返している。日米金利差が５％に拡大すると開きすぎ、０％まで縮小すると狭まりすぎである。

ちなみに、日米金利差が０％まで縮小したのは、日本の景気が資産バブルを背景に過熱していた１９９０年前後だ。当時は、日本の金利が高すぎた。実際、長信銀の「ワイド」や信託銀行の「ビッグ」という固定金利の金融商品で資産を運用しようとする人々で、銀行の周りには数時間待ちの行列ができていた。行列ができるのは、価格が間違っているということであり、バブルの証拠である。さらに、２０１２年の夏には、１９００ドル台まで上昇した金を売るために、貴金属店に行列ができていた。なかには祖母から譲り受けたという金の指輪を売る人までいた。それほどまでに金の価格が高すぎたのである。すると、案の定、金はその後急落した。

金は究極の貨幣という顔も持っている。したがって、金融危機などで貨幣への不安が強まると金の価格が上昇する。２０１２年の夏は、ユーロ破綻への懸念が強まっていた。ただ、その懸念が行きすぎでミスプライスになっていたことを、日本の貴金属店の前にできる行列が示していたのである。日本の個人投資家は、優秀なのである。

一方、日米金利差が５％まで拡大したのは、米国がＩＴバブルに沸いていた２０００年前後だ。当時は、米国の金利が高すぎたと言えるだろう。異常値は、いずれもバブルを反映している。

では、最近の日米金利差はどうなっていたのか。2012年には、約20年ぶりに0％近くまで縮小していた。こうした異常値は、何らかのバブルを反映している。今回は、二つの解釈が可能だ。「日本の金利が高すぎる」のか、それとも「米国の金利が低すぎる」のかである。日本の金利については、低すぎるからバブルだと言われることはあっても、これを高すぎると言うエコノミストはほとんどいなかった。したがって、常識的には、米国の金利が低すぎるがゆえに、日米金利差は0％近くまで縮小したということになろう。

中央銀行は長期金利をコントロールできるのか？

いずれにせよ、米国の国債利回りは、なぜ異常に低下したのであろうか。私は前述のように、これは、南欧の国債利回りが逆バブル的に上昇した裏返しの現象であると考えている。欧州債務問題は、日本にも波及し、消費税増税法案が成立した。あの日本で消費税増税法案が成立するほどのエネルギーが、米国債の買いに向かったのである。そりゃ、金利も1％まで下がるというものだろう。

当時は、「世界中から安全資産が消える！」という一種のパニックであった。安全資産だと思って保有していた国債の価格がどんどん暴落していくのである。残された安全資産は米国債しかないということで、希少価値がグンと跳ね上がった。債券の価格が上がると、利回りが低下する。米国債の利回りは急低下した。

しかし、それはバブルなので、早晩、逆回転が始まったはずである。バーナンキＦＲＢ議長がＱＥ３の縮小に言及しなくても、米国の金利は上昇に転じていたはずである。

言い換えると、バーナンキＦＲＢ議長が超人に見えるのは、放っておいても金利が上がる時に、金利が上がる方向に政策の舵《かじ》を切ったからだ。要するに、ＱＥ３縮小への言及は、プラザ合意のようなものなのである。それゆえ、神話が生まれる。２０１３年の米国債券市場、そして、その影響を受ける世界の為替市場および株式市場は、ＦＲＢの次の一手、そして議長人事を、固唾《かたず》を呑《の》んで見守るという雰囲気になっていた。

それは、何気ないアンケート調査の結果にも表れていた。「次のＦＲＢ議長は誰になると思うか？」と尋ねた後で、仮に、あなたの選んだ人がＦＲＢ議長になったなら、米国の長期金利はどうなると思うかと聞いていた。当時、有力な候補は、イエレンＦＲＢ副議長とサマーズ元財務長官だった。回答者は、「イエレン氏なら金利低下」「サマーズ氏なら金利上昇」と答えていた。この回答から透《す》けて見えるのは、米国の長期金利はＦＲＢ次第で決まるという思い込みである。いつから米国の長期金利は、ＦＲＢ次第で決まるという話になったのであろうか。

２００５年２月、当時のグリーンスパンＦＲＢ議長は、思うようにならない長期金利の動きをこう嘆いていた。

「ＦＦ金利を１・５０％も引き上げているのに、長期金利が低下しているのは謎（コナンドラム）だ」

グリーンスパンFRB議長は、長期金利をコントロールできなかった。それが、今や、長期金利はFRB次第ということを誰も疑問に思わない。2013年5月に、バーナンキFRB議長が、QE3の縮小に言及してからの金利急騰を目の当たりにした人々が、その延長線上で考えているからであろう。

しかし、日米金利差はすでに2％を超える水準まで拡大し、過去25年間の平均値に近づいている。ここから先は思うようにはならないし、思うようになっているように見せかけることも難しいだろう。上昇してきた米国の長期金利をちょうどよい水準で止めるというのは、1987年2月のルーブル合意と同じである。

賢者は経験し、歴史にも学ぶ

2013年の米国金利の話をしているのに、1987年の為替相場を持ち出して教訓にするのは、荒唐無稽に聞こえるかもしれないが、両者のエッセンスは同じである。すなわち、たまたま異常値からの平均回帰に合わせた政策がとられたので、FRBの力が過大評価された。その延長線上で、FRBへの期待が強まっている。しかし、すでに異常値は修正されているので、再現は難しい。熟した柿の実は、すでに落ちてしまった。木の枝についているのは、青い実だけである。それを揺すって落とせと周りは期待している。その帰結がどうなるのか、見ものである。

我々は、よく「似ている」ということを相場予測に使う。チャート分析の原理は、この「似ている」である。現在とよく似た値動きを過去から探し出し、それと同じことが今後も起きると考えるのだ。ただ、「再現性」を期待するなら、ある特殊な二時点の表面的な「似ている」だけではなく、もう少し観察対象を抽象化し、その本質を抉《えぐ》り出すことによって、比較対象の範囲を広げ、「こういう時には、人間はいつもこうするものだ」というレベルで「似ている」を使ったほうがよいだろう。

先にも述べたが、「今」を理解するためには、歴史の縦、世界の横、異次元の斜めから帰納的に原理原則を導き出し、そこから演繹的に推論することが重要である。2013年の米国の金利を考えるうえで、1987年のルーブル合意などの知識や経験は役に立つ。

といっても、この話をした時に、1985年生まれだという若いエコノミストは、今一つ理解できないという表情ではあった。プラザ合意やルーブル合意を、教科書で習った知識ではなく、経験として覚えている人は、金融業界でも少なくなった。

そう言えば、プロシアの宰相ビスマルクは、「愚者は経験に学び、賢者は歴史に学ぶ」と言ったという。それはまぁ、そうだろう。経験がカバーできるのは、せいぜい何十年の話であり、歴史は何百年、何千年昔まで遡ることができる。学習範囲は後者のほうが広い。確かに、歴史に学ぶ人のほうが勤勉だ。

ただ、この話は、「経験は無駄だ」と言っているのではない。経験の範囲は狭いが、深いはずだ。深い経験を通して、我々は、その本質まで掘り下げることができる。したがって、「経験した」と言えるほどにまで、現在進行形の事象の意味をしっかり考え、主体的に関わっていくことは重要である。経験は「学ぶ」ものではなく、「する」ものだ。ビスマルクの言葉は、こう言い換えたほうがよいかもしれない。「賢者は経験し、歴史にも学ぶ」である。

そこで、議論をもう一度元に戻して、前述の疑問を思い出してみよう。「米国の金利上昇の背景にあるのは、QE3の縮小への懸念だったのか、それとも世界経済の正常化なのか」。いったい、どちらが正しいのだろう。

その答えを教えてくれているのは、実はユーロドル相場である。

2013年5月にバーナンキFRB議長がQE3の縮小に言及した後、為替市場ではドル高期待が盛り上がった。米国の金利が上昇するからドルは上がるという発想だ。しかし、その後のユーロドル相場を見ると、ドル高ユーロ安にはならなかった。むしろ、ユーロのほうが底固く推移していた。それは米金利上昇というドル高要因を、何かが相殺していたことを意味する。おそらく、南欧諸国に要求されていた財政リスクプレミアムの縮小がそれである。もし、米国のQE3の縮小が主たる要因なら、ドルはユーロに対して上昇していたはずである。

危ない現状追認型の新理論

おそらく、アベノミクスがなくても、ドル円相場は2013年に100円を回復し、日経平均株価も1万5000円を上回っていたのではないか。実際、アベノミクスに何の関係もない米国の金利の上昇ぶりや、欧州の財政リスクプレミアムの縮小に象徴される世界経済の改善ぶりを見るとそういう結論になるだろう。

だとすると、反アベノミクス派の批判も滑稽に見えてくる。経済学者は、為替市場や株式市場の現場から離れている分、遠慮があるのか、「相場は相場に聞け」という立場をとりがちである。基本的に、彼らは市場でついた価格を尊重する。したがって、異次元緩和で資産価格は変化するが、資産価格の変化と実体経済には関係がないから無意味だと苦しい解説をする。しかし、資産価格と実体経済に関係がないわけはないだろう。むしろ、アベノミクスを否定したいなら、そもそも資産価格が間違っていると言うべきだろう。

ちなみに、アベノミクスをテーマとして取り上げた本のなかで最も優れているのは、池尾和人《かずひと》慶大教授の『連続講義・デフレと経済政策』（日経BP社）であろう。この一冊を読めば、もう十分だと言えるほど勉強になる。ただ、この本の中で、1ヵ所だけ疑問に思うところがある。それは「資産価格（株価や地価など）に関しては、金利の低下幅というよりも金利低下の率が関連するとみられることから、かなり大きな上昇をもたらす可能性があります」（P288）という件《くだり》である。

　日本の金利は十分低いので、設備投資を刺激するのは難しい。ただ、金利水準が低くても、金利を割引率として使う資産価格には、水準よりも変化率が重要になってくる。したがって、異次元緩和も株や不動産などの資産価格の上昇を通して一定の効果を期待できるという意味なのだろう。

　実際、金利が4％から3・9％へと下がっても、100のキャッシュフローの現在価値は、2500（100÷4％）から、2564（100÷3・9％）へと、2・6％増えるだけだが、金利が0・5％から0・4％に低下すると、同じ0・1％の低下幅にもかかわらず、低下率は大きいので、現在価値は20000（100÷0・5％）から、25000（100÷0・4％）へと25％も増える。アベノミクスを囃した株高のメカニズムは、これではないかという話である。

　しかし、そもそも国債利回りだけを資産価格の計算に際して割引率として使うことはないし、経験的にも、国債利回りの変化率と資産価格の間には、相関がない。関係があるように見えたのは、アベノミクスを囃していた2013年前半の3ヵ月程度である。

　このように、それまでの常識では説明できない市場の値動きを説明する「新理論」が登場した時は、一般的に、ブームの終焉に近い。古くは、1980年代末の「Qレシオ」などもそうだ。

当時、高騰する株式相場を正当化する「新理論」として注目されていた。株価の割高、割安を評価する尺度である株価純資産倍率（ＰＢＲ）の分母に、株や土地などの含み益を使え、というものだ。分母に株や土地の含み益を入れると、株価や地価が上昇するほど分母が大きくなるので、株価が割安に見えるのだ。この「Ｑレシオ」は、上がるから買う、買うから上がるというバブルを正当化する新理論だった。世の中が、こうした新理論によって、異常な株価や地価を正当化したところで、バブルはピークをつけた。

なお今回のアベノミクスは、そのスケール感において、１９８０年代のバブルとは比較にならない。実際、金利の低下率が重要だというのは、Ｑレシオほどに、市場参加者の間で話題になっていない。スケール感は異なるが、そのエッセンスの類似、すなわち、「異常な値動きを正当化する新理論が出てきたら危険」に注目すべきなのである。

「似ている」の使い方

まったく同じことが、まったく同じスケールで、同じ時間軸で再現されることはない。アナロジーを使う場合は、スケール感や時間軸にとらわれずに、そのエッセンスが重要だと知るべきだ。ロシアの、マトリョーシカ人形と同じである。マトリョーシカは、胴体の部分で上下に分割でき、中には少し小さい人形が入っている。同様に何回か人形の中からまた人形が出てくる入れ子構造になっている。その小さな人形も、大きな人形も同じ人形だというセンスが重要になってくる。

それはそれとして、アベノミクスは資産価格を変化させただけで、実体経済には影響がないと批判をされると、じゃ、実体経済も変えてやるぞとばかりに、今度は首相が賃金交渉に乗り出してきた。2013年9月20日に開催された、政府、経営者、労働組合の3者による第1回「政労使会議」でも、「経済はデフレ脱却に向かっている。企業収益、賃金、雇用の拡大を伴う好循環につなげられるかが勝負どころだ。産業、労働界も大胆に取り組んでほしい」と述べ、賃上げを要請した。「デフレの原因は賃金の低下だ」と言う経済学者やエコノミストが多いことも首相を刺激しているのではないか。

なんとなく、競馬で万馬券を当てた親父が、奥さんに、「子どもたちも腹を空かせているから、今晩はすき焼きにしてやれ」と言っているような感じがして仕方がない。しかし、本当に、労使交渉に政府が口を出すことによって賃金は上がるのだろうか。次は、この問題を考えよう。その際に、キーワードになるのは、実は「3本の矢」である。

第5章　ユナイテッド・アローズとしての「3本の矢」

「デフレの原因は、賃金の下落」と言う学者

『週刊東洋経済』の2013年夏「経済書・政治書ベスト30」で、経済書のベスト1に選ばれた吉川洋氏の『デフレーション』（日本経済新聞出版社）は、リフレ派の主張を一刀両断のもと切り捨てている。

吉川氏は、「マネーサプライを増やせばデフレは止まるという考え方が、データによる裏づけを欠いていることは明らかである」「中央銀行のバランスシートの動向を『金融緩和』の程度と直結するのは間違いなのだ」「デフレは貨幣数量によって決まる、という考え方は退けるほかない」と、小気味よくリフレ派の主張を否定している。この本が、いわゆる経済専門家の投票で、経済書のベスト1に選ばれるのだから、リフレ派の主張を全面的に受け入れたアベノミクスによってデフレ脱却が可能になると考える経済専門家は少数派なのだろう。

また、『デフレーション』は、人口減少についても「それ自体として経済・社会問題であることは、そのとおりだ。しかしそれは、1990年代から始まった日本経済の長期停滞の原因ではない。ましてや、デフレの『正体』ではない」と退けている。それでは、いわゆる「期待」はどうか。これも「普通のモノやサービスの価格や賃金の決定においては、『期待』が入り込む余地はほとんどない」と、まったく相手にしていない。

では、日銀の誤った金融政策のせいでもなく、人口が減っているからでもなく、期待も関係ないとなると、デフレの原因は何なのか。

吉川氏は、デフレに陥った原因は「バブル崩壊前後の不況と国際競争の中で大企業における雇用制度が大きく変わり、名目賃金が下がり始めたことである」と結論づけている。

同様の指摘は、梅田雅信氏の『超金融緩和のジレンマ』（東洋経済新報社）にも見つけることができる。その部分を引用しよう。

「富士通総研の根津《ねづ》利三郎《りさぶろう》氏は、『米国は日本のようなデフレにはならない』と題する寄稿のなかで、①日本のデフレの本当の原因は賃金の下落、②賃金下落の原因は、産業別組合と非正規労働者の増大、と指摘したうえで、『非正規労働は外国にもあるが、日本に特徴的なことは、彼らの賃金が正規の半分程度と、大きな格差があることである。他の先進国では同一労働・同一賃金が日本より守られており、このような格差がないから、正規労働者を非正規に置き換えることでコスト削減をするというインセンティブはない』と述べている」

引用のつもりが、ほぼ孫引きになってしまった。孫引きになってしまうのは、金融政策に詳しい学者は、往々にして労働市場には不案内だからである。丸山眞男の時代からそうであるように、学者の世界はタコツボ化しており、金融論の専門家や労働経済学の専門家は存在しても、それらが統合された経済を縦横斜めから語れる人は多くはない。

いずれにせよ、吉川氏と梅田氏の共通点は、デフレの原因は賃金の下落にあるとしたうえで、その賃金下落には、雇用制度のあり方が大きく影響していると指摘しているところである。

日本型経営とデフレ

ところで、そもそも日本型経営の特徴とされてきたのは、終身雇用、年功序列、そして企業別労働組合である。すなわち、日本型経営の特徴は、雇用制度そのものである。したがって、日本型経営は、「人本主義」と呼ばれたりもする。生産要素のなかで、「資本」よりも「人」を重視しているということであろう。

ということは、デフレの原因が、賃金の下落であり、賃金下落の背景に雇用制度の問題があり、その雇用制度は日本固有のものであるならば、デフレの原因は、「日本型経営」そのものにあるということになろう。だから、デフレに呻吟《しんぎん》しているのは、先進国のなかでも日本だけということになるわけだ。

しかし、日本型経営とデフレに関係があるとして、それはどういうふうに関連しているのだろうか。日本型経営の存在そのものがデフレの原因なのか、それとも、日本型経営の崩壊がデフレの原因なのだろうか。おそらく、その両方が、すなわち、労働者に交渉力がないという日本型経営の弱点と、非正規社員の増加に象徴される日本型経営の変質が、ともにデフレをもたらしているのであろう。

そして、その裏に、グローバル化に伴う資本コストの上昇という「真犯人」が隠れている。資本コストの上昇とは、株主の発言力が強くなってきたことを意味している。強くなった株主を前に、労働者は自分たちの取り分（賃金）をしっかり要求できず、労働者が弱くなるから経済も成長せず、結果的に株主の取り分（利益）も減るという悪循環が起こっているわけだ。それでは、それぞれについて、順番に考えていこう。

分割される従業員

「日本型経営」がデフレの原因なら、「日本型経営の崩壊」は、デフレ脱却を意味することになる。しかし、前述の吉川氏は、雇用制度が大きく変わったから、すなわち日本型経営が変化を余儀なくされたから、賃金が下がった、つまり日本だけがデフレになったという。

確かに、１９９５年に日経連（当時）が提唱した「新時代の『日本的経営』」を一つの画期として、非正規雇用が増加し、それから間もなくして賃金の低下が始まった。「新時代の『日本的経営』」は、労働者を次の3つのグループに分けるというものだ。すなわち、「長期蓄積能力活用型グループ」、「高度専門能力活用型グループ」、そして「雇用柔軟型グループ」である。

事実上の終身雇用を約束された従来の正社員に当てはまるのは、「長期蓄積能力活用型グループ」だけである。２番目の「高度専門能力活用型グループ」は、スキルを磨いて腕一本で、複数の会社を渡り歩いて生き抜いてくださいねというもので、3番目の「雇用柔軟型グループ」は、スキルもないので、自分の時間を切り売りして何とか生き残ってくださいねというものだ。要するに、この3番目の「雇用柔軟型グループ」が非正規雇用であり、その増加が賃金低下をもたらすことになる。

私事で恐縮だが、1995年といえば、入社13年目であった。当時、ある銀行で為替アナリストをしていた私は、「新時代の『日本的経営』」をリアルタイムでかなり意識していた。すでに上司に疎《うと》まれ左遷を経験していた私は「長期蓄積能力活用型グループ」には入れないと思い、調査（リサーチ）という仕事の専門性を磨いて何とか生き残っていけないだろうかと思案していたものだ。

その頃、たまたま銀行の証券子会社にも株式業務が認可され、株式調査部が新設されることになった。その一員に加わるべく、証券子会社への出向を命ぜられたのは、1997年だ。非常に嬉しかったことをよく覚えている。リサーチのスキルを磨くことができると思ったからだ。世間一般から見ると、為替の調査も、債券の調査も、株式の調査も、市場部門の調査として同じように見えるだろうが、実は大きな違いが一つある。

それは、為替と債券の売買がオファー・ビッドの世界であるのに対し、株式だけが売買注文に対して手数料が支払われることに起因している。オファー・ビッドの世界とは、銀行や証券会社などの業者は、オファー（売値）とビッド（買値）を提示するだけで、そこに売買手数料が発生しないということだ。この場合、業者にとっては、オファーとビッドの価格差が収益の源泉になる。たとえば、ドルを投資家Aに100円50銭で売って、同じタイミングで事業法人Bから100円45銭で買えば、5銭の儲けである。

それに対して、株式では、投資家が証券会社に手数料を支払う。投資家が証券会社に手数料を支払う理由の一つは、証券会社が生産している情報に対価を支払うということである。したがって、調査部門を持たないネット証券の手数料はその分、安くなったりするわけだ。

一方、手数料がなく、注文時のオファー・ビッドの価格で差別化する為替や債券では、同じような情報を生産していても、その対価が明確ではない。対価が支払われないということは、為替や債券における調査が職業として成り立ちにくいということである。したがって、同じ市場部門の調査をやるなら、株式調査に最もやりがいがあるわけだ。だから株式調査部門への出向は嬉しかった。

ところで、2013年に大ヒットしたドラマ「半沢直樹」の原作者である池井戸《いけいど》潤《じゅん》氏は、私と同じ銀行の出身である。続編にあたる小説『ロスジェネの逆襲』（ダイヤモンド社）で、主人公の半沢直樹が出向させられる証券子会社のモデルは、私が出向していた会社かもしれない。この小説では、証券子会社への出向に落胆し、一日も早く銀行への復帰を願う銀行員の悲喜劇が描かれていた。

まさに、「長期蓄積能力活用型グループ」にすがりつくか、「高度専門能力活用型グループ」で割り切るかの差である。私は、後者で生きていこうと割り切っていたので、銀行に戻りたいとはまったく思わなかった。だから、『ロスジェネの逆襲』を読んだ時に、「そんな、みんながみんな銀行に戻りたいとは思ってはないけどなぁ」と思ったものだ。

ただ、「高度専門能力活用型グループ」というのも、スキル一本、腕一本で世間の荒波を生き抜いていけるほど甘くはない。そもそも、スキルと言われるものの定量的かつ客観的な評価はそれほど簡単ではない。しかも、会社に入れば、当然のことながらチームの中での協同作業もあるわけで、ヒューマン・スキルも要求される。さらに外資系金融へ転職しようとする際に、面接相手が20人、30人に及ぶことはざらにある。新卒の入社よりも厳しい就活が待っている。

経済学者の書いた本や論文を読んでいると、こうした転職の経験がないせいであろう、スキルさえあれば、簡単に転職できるかのように、運転免許証があれば車の運転ができるかのように、あまりにもサラッと書かれているのが気になる。

欧米の企業はスキルが評価されるジョブ型で、日本は会社への帰属心が求められるメンバーシップ型だと分類されるが、それは程度の問題である。実際は、案外、欧米企業もメンバーシップ型であり、スキルだけに頼ると、欧米型、日本型の狭間で路頭に迷うことになりかねないので、注意が必要だ。

結局、仕事があるのは、「長期蓄積能力活用型グループ」に残った人だけになりかねない。企業からすると、労働力の弾力化、流動化に成功し、総人件費を下げることが可能になるわけだ。

それで、誰が喜ぶのかと言えば、株主である。そのことについては、また後で触れよう。ともかく、1995年以降の日本では、大袈裟に言えば、会社から離れるのも地獄、残るのも地獄ということになってしまった。

分割された労働組合

これまで仲間だと思っていた従業員が3分割されるなら、なんとか「長期蓄積能力活用型グループ」(正社員)としての地位を守りたいというのは人情だ。当然、労働者の経営者に対する交渉力は弱くなり、賃金も上がりにくくなるわけだ。

このように、競合相手の力を削ぐための常套手段は「分割」である。原発問題で話題になったのは発送電分離であるが、そもそも1951年に、戦時中に統合された日本発送電株式会社が、9つの電力会社に分割された大きな目的は、労働運動を押さえることにあったと言われる。

日本の労働組合運動のピークは、1947年2月に計画されていた二・一ゼネストで、数百万人が参加する予定であった。しかし、GHQはこれを禁止する。その後、労働組合運動に対し制限が加えられることになる。具体的には、1948年の公務員のストライキ禁止、1949年の労働組合法・労働関係調整法の改正、1950年のレッドパージや団体等規正令などである。GHQの命令によって9電力体制が整備されたのは、この直後である。

1980年代の中曽根康弘首相時代の「行革」がお手本にしたのが、この電力会社の分割であり、その結果として、国鉄や電電公社などの分割民営化が実現した。以下の二つの文献から、その頃、どのような議論が行われていたのかを知ることができる。

「臨調は、企業分割は企業間の競争を生み、合理性を生むということを信じているように思います。そのモデルとなったのは日本の電気事業体制です。なるほど電気事業体制はそれを分割することによって激しい労働運動を押えることはできました。だが、はたして利用者にとって安い電力を提供することに成功したのでしょうか」(『行革　臨調答申をどう読むか』伊東光晴、岩波ブックレット、1982年)

「分割・民営化の最大の狙いこそは、戦後労働運動の一貫した〝戦う巨像〟であった国労を解体しつくすことにある。その歴史的故事は、『輝ける電産』の解体にある。敗戦直後には、電産は皇居をはじめとする停電ストの威力を発揮した。その電産つぶしのためにかけられた攻撃が、一九五〇年のレッドパージ(マスコミなどとともに)であり、それでも安心できないために翌五一年の日本発送電の九分割であった。そこで、労働条件を寸断し、単一労組の解体を電産中国地本をのぞいてしつくしたのである」(『危機にたつ総評』太田薫、市川誠、岩井章編著、社会評論社、1985年)

これらは、当時、普通に語られていたことなのであろう。中曽根元首相自身も、「国鉄の分割民営化は、国労の崩壊、総評の衰退、社会党の退潮に拍車をかけて、五五年体制を終末に導く大きな役割を果たしたのです」(『自省録』新潮社)と語っている。

ちなみに、「臨調」とは、第二次臨時行政調査会の略称で、1981年に発足し、鈴木善幸内閣が掲げた「増税なき財政再建」を達成すべく、行財政改革についての審議を行っていた。トップは経団連元会長の土光敏夫氏、参謀役は戦時中、大本営作戦参謀などを歴任した瀬島龍三氏であった。

私たちにとっては、こうした1980年代の行革でさえ、もう30年前の昔話だ。「国鉄」といってもピンとこない世代が増えてきた。その昔話が、さらに30年前の1950年代の電力会社の分割を参考にしていたことなど、誰も教えてくれない。当時、当たり前の常識として語られていたことも、今となっては歴史の秘話になっている。

我々は、分割民営化によって、競争が生まれ、サービスも改善したと教えられ、そういう認識を持っているが、分割民営化のもう一つの狙いは、労働組合の弱体化であったのだ。

村山富市元首相というか村山元社会党委員長も、社会党の衰退の背景を次のように振り返っている。

「一九八九年には日本労働組合総評議会(総評)が解体して日本労働組合総連合会(連合)が結

成された。総評時代の労働組合は官公労や公労協が主導権を握ってぐいぐい引っ張っていった。ところが連合になると民間労組が中心になった。民間労組は企業内組合だし労使協調路線だから労働組合運動はどんどん後退していった。それと並行して社会党の存在はだんだん薄くなっていった」(『村山富市回顧録』薬師寺克行編、岩波書店)

なお、官公労や公労協は、公務員や、国鉄などの国営企業の従業員による労働組合である。

万国の労働者を分割せよ

このように1990年以降の「失われた20年」においては、日本型経営の特徴である企業別労働組合の交渉力の弱さが、1980年代に行われた国営企業の分割民営化もあり、余計に際立ってきたのである。「失われた20年」におけるデフレを議論する際には、労働組合運動の歴史も合わせて考える必要があろう。

その歴史の流れのエッセンスをまとめると、「国営企業の分割民営化によって、もともと企業ごとに『分割』していた企業別労働組合の脆弱性が浮き彫りになり、さらに従業員も3分割されるという延々と続く分割・細分化」ということになる。こうした分割・細分化が、労働者の交渉力を弱め、賃金の下落、デフレをもたらしたのなら、マネタリーベースを増やしても、たまたま円安に振れたことによっても、さらには、政府が経営者にお願いしても、賃金が上がることにはならないだろう。

ここで思い起こすべきなのが「３本の矢」の教えである。安倍政権の「３本の矢」ではない。オリジナルの「３本の矢」のほうだ。日本人なら、「３本の矢」は、戦国時代の大名・毛利元就《もうりもとなり》が、その３人の息子に語って聞かせた話であることは、誰でも知っている。

晩年の元就が病床に、隆元《たかもと》、元春《もとはる》、隆景《たかかげ》の３人の息子を呼び寄せる。元就は、まず１本の矢を取って折ってみせる。続いて矢を３本束ねて折ろうとするが、これは折ることができなかった。元就は息子たちに言う。「１本の矢では簡単に折れるが、３本纏めると容易には折れない。３人がよく結束、団結して毛利家を守っていくように」。史実かどうかは分からないが、とにかく、そういう話として現在にまで伝わっている。

安倍政権の成長戦略に期待している外国人投資家は、３本目の矢を、ホップ・ステップ・ジャンプ的に「サード・アロー」と呼んでいるが、「３本の矢」の由来を知っている我々からすると、「３本の矢」は「スリー・アローズ」であり、その意味をも勘案するなら、正しくは「ユナイテッド・アローズ」である。「万国の労働者よ、団結せよ」と言ったマルクスの戦略は、まさに「３本の矢」であったわけだ。

団結することによって強くなるのだとすれば、その逆に、敵の弱体化を図るなら分割すればよい。戦後史の重要なトレンドは、逆マルクス戦略だ。すなわち「万国の労働者を、分割せよ」であった。

ストーリーを教えない歴史教科書

このあたりを歴史の教科書は、どう書いているのだろうか。そこで高校生が使っている歴史教科書『詳説日本史』(山川出版社)を読んでみた。1980年代の行革について、教科書はこう書いている。

「1982年に発足した中曽根康弘内閣は、……『戦後政治の総決算』をとなえて行財政改革を推進し、老人医療や年金などの社会保障を後退させ、電電公社(現、NTT)・専売公社(現、JT)・国鉄(現、JR)の民営化を断行し、大型間接税の導入をはかった。また、労働組合の再編も進み、1987年に労資協調的な全日本民間労働組合連合会が発足すると、総評も1989年に解散して合流し、日本労働組合総連合会となった」

これが歴史教科書の限界なのだろう。国鉄などの民営化と労働組合の再編を「また」という言葉で、それぞれに独立した出来事として並べている。しかし、これまでに見てきたように、両者の関係は、「また」というよりは、「だから」で、因果関係としてつなげるべきものだ。「○○の民営化を断行した。また、労働組合の再編も進み……」ではなく、「○○の民営化を断行した。だから労働組合の再編も進み……」と書くべきである。むろん、そうなると「解釈」が入る。解釈が入ると、ストーリーになる。ストーリーには、どうしても価値判断が含まれる。その判断の背後にある価値観は、ときに皇国史観であり、唯物史観であった。歴史教科書は、我々がそれこそ不幸な「歴史」を背負っていることもあり、ストーリーを語ることに慎重で、価値観を押しつけることに臆病になっている。

価値観の受け渡しに臆病になっているのは、戦争に負けたからなのだろうか。「旧制高校は良かった」という話をたまに聞くが、旧制高校の何が良かったのだろう。そこには、教師への信頼と尊敬があったように思われる。それは、教師が自信を持っていたからではないか。短絡のそしりを怖れずに言うなら、自信を持てたのは、敗戦を経験していなかったからではないかと考えている。

それにしても、「また」という言葉でつなげているとはいえ、民営化と労働組合の再編を近接させているところを見ると、この歴史教科書の執筆陣は、分割による労働組合運動の弱体化を、ストーリーとしては、理解しているのであろう。しかし、それは敢えて教えない。教えると、きっと教室は白熱するだろうに、もったいない。我々は、ストーリーに飢えている。だから、「ストーリーで学ぶ○○」という本が出ると、結構売れたりするのだろう。そして、「白熱教室」をうらやましく思うのではないか。

「本当に知りたい現代史は、いつも時間切れで学べない」という声がある。サザンオールスターズも確かそんなことを歌っていた。ただ、ストーリーではなく、出来事の羅列として現代史を習っても、退屈なだけで、知りたいことは何もわからないだろう。日本の歴史教科書は、価値判断に臆病であり、ストーリーを教えることに及び腰であった。そして、そうこうしているうちに、世代交代も進み、「知っている」世代が減るにしたがって、「教えない」が、「教えられない」に変わってきたように思われる。

歴史に学びたいなら、受け身ではなく、様々な価値判断を含むストーリーを自分で探して、比較検討し、自分の頭で咀嚼《そしゃく》しながら読むしかない。それが大変なら、歴史に学ぶよりも、「そう言えば、小学校の時、クラスで団結したから、運動会で良い結果を残せたなぁ」という経験を大事にするほうが、よっぽど価値がある。

「今日はオレの番じゃなかった」という諦観

「学ぶ」といえば、自然界に学ぶこともできる。小倉寛太郎《ひろたろう》氏の『自然に生きて』（新日本出版社）という本を読んだことがある。「小倉寛太郎」といっても、ピンとこない人は多いかもしれないが、小倉氏は、その本名よりも、ベストセラー小説『沈まぬ太陽』（山崎豊子、新潮文庫）の主人公「恩地元《おんちはじめ》」としてむしろ有名だ。

恩地元は、「国民航空」の労働組合の委員長だった。おとなしく会社の言いなりになって、任期を無事にやり過ごせば、エリートコースを約束されていたはずだ。しかし、彼は、空の安全と労働者の権利獲得のために闘う。とはいえ、労組委員長といっても一人の従業員にすぎない。会社に睨《にら》まれた彼は、その後、カラチ、テヘラン、ナイロビと、いわゆる「僻地」を10年間たらい回しにされる。「良心を眠らせていったん志を屈すると、心の傷を治した先に、別の地獄がありますﾞ」と、節を曲げなかったことから、日本に戻してもらえなかった。

もっとも、「余裕とユーモアと、ふてぶてしさ」をモットーに、「転んでもただでは起きない、何か拾って立ち上がったというような生き方を、伸び伸びとしませんか」と提案する小倉氏は、定年後、東アフリカ研究家として活躍する。

『自然に生きて』は、その小倉氏の講演をもとにした書物だ。なかでも、バッファローとヌーの話は面白かった。同じ草食獣にもかかわらず、肉食獣への対応が違うのだという。

バッファローは群れをつくる。ライオンは、挑発して、その中の1頭を群れから孤立させる。その時、バッファローの群れが引き返してライオンに逆襲することがある。さすがに衆寡敵《しゅうかてき》せず、ライオンも逃げ出す。すると、バッファローは、命拾いをした仲間を助け、その傷を舐めてやって安全なところに移動するという。

一方、ヌーも群れをつくる。今度はチーターがヌーの群れを狙う。ヌーの群れは混乱し、逃げ惑うだけで、結局、1頭がチーターに捕らえられ、食べられてしまう。その時、ほかのヌーは、「あー、よかった。今日はオレの番じゃなかった」と言わんばかりに、また草を食べ始めるらしい。

小倉氏は、「ヌーは団結したときの自分の強さを知らない……人間は……バッファローの生き方から学ぶことができます。……団結すれば強くなるということに、もっともっと自信を持つ必要がある」と書いていた。

「今日はオレの番じゃなかった」と草を食《は》むヌーは、現在の我々かもしれない。団結することを知らない彼らは、肉食獣から狙い撃ちにされ、酷い目にあうが、仲間が食べられている間も、「今日はオレの番じゃなかった」と草を食べ続けている。

ところで、「国民航空」のモデルになった航空会社は、労働組合が乱立し対立していることでも有名だった。なぜ、労働組合が七つもあったのか。それは、経営者が労働組合の弱体化を狙って、分断政策を仕掛けていたからである。

こうした分割・細分化の歴史を逆転させ、賃金を上げ、デフレを克服するためには、再び団結する必要があるということではないか。言うまでもないことだが、憲法が団結権、団体交渉権、団体行動権の三つからなる労働基本権を保障しているのは、労働者が経営者に対して劣位にあると認識しているからだ。そして、憲法を遵守すべきは政府である。憲法は、もとより政府から国民を守るための法規である。その政府が、労働者の頭越しに経営者に賃上げを要請するのは、ライオンがチーターに、ヌーを食べすぎないようにと要請するようなものだ。

嫌われる労働組合

もっとも、労働組合も人気がない。ろくに働きもしないで、賃金を上げろとか、休ませろとか、要求ばかり多いと思われている。

　私が就職したころは、まだ国鉄が走っており、ダイヤル式の黒電話の時代であった。ストライキで電車やバスが止まることもしばしばであった。労働組合の活動もそれなりに活発で、組合主催の泊まりがけの研修（組合学校）もあった。フォークダンスとかをさせられた。普段は顔を合わせない別々の職場の男女が出会うことから、陰では「組合学校」ではなく、「お見合い学校」と呼ばれていた。5月1日のメーデーには、新人社員は、なかば強制的に参加させられた。なんら生産的なことをするでもなく、ただ、だらだら歩くだけであった。面倒くさいと思いながら、こちらは仕事を休めてよかった。

　私の勤めていた会社でも、管理職になると組合員ではなくなり、残業代がつかなくなる。しかし、サラリーマンにとっては、組合の庇護《ひご》がなくなろうが、残業代がつかなかろうが、非組合員になることがすなわち出世なので、誰もが、労働組合から抜け出したいと思っていた。管理職に出世した先輩社員に挨拶にいった際、「おめでとうございます」と言うと、「いやー、組合員じゃなくなって、首筋が寒いよー」と嬉しそうだった。

　そんな組合では、団結は難しい。おそらく、多くの国民は労働組合に対して、かなりネガティブな感情を持っているはずだ。労働組合なんて、あってもなくても同じ。労働組合運動は、出世もできない落ちこぼれの暇つぶしと蔑まれているのではないか。

　そうなった原因は、むろん労働組合にもあろうが、いつの間にか、弱い人間同士が支え合うのは卑しいことだという、社会的な刷り込みも行われていたように思う。
「小学校の運動会で、ゴール前で手をつないでみんなで一緒にゴールした」といった都市伝説まがいの話が広まり、実際にそれを見たことのない人たちが、「悪平等も極まれり、だから日本はダメになった」と憤慨していた。でも、彼らは、きちんと証拠を調べて批判しているのだろうか。いつ、どこで、日本中の小学校の何％で、「手つなぎゴール」が行われていたのだろうか。1990年代半ば、私の近所の小学校では、運動会の花形種目であった学校の周囲を2周走るマラソンで1位になった子どもは、ヒーロー・インタビューを受けていた。それは、とても印象に残る出来事だった。

ところで私は、先日、「手つなぎゴール」を初めて目撃した。それは、2013年にモスクワで開催された世界陸上選手権の男子マラソンだ。6位と7位に入賞した二人のブラジル選手が、手をつないでゴールしたのだ。むろん、彼らの記録は、2時間11分40秒で同じである。そういうことって、本当にあるんだなと妙に感動したのを覚えている。

それはともかく、こうした労働組合への嫌悪感も、さすがに「陰の極」ではないかと思わせる文章を読んだ。熊沢誠氏の『労働組合運動とはなにか』（岩波書店、2013年）の前書きに、「出版社からは、著書に労働組合というタイトルはつけてくれるなという注文もありました」とあったのだ。これには、「岩波でもあかんのか」と驚くとともに、岩波書店にまでそんなことを言われるようでは、労働組合も落ちるところまで落ちたなと感じた。

しかし、相場格言は言う。「野も山も皆一面に弱気なら、阿呆になりて米を買うべし」。これが相場なら、労働組合には、ひそかに注目せねばならないシグナルが点灯したという格好である。

その熊沢氏は、この本のなかで「仕事に分業があるかぎり、たいていの仕事は『ぱっとしない』地味な労役であり、多数者ノンエリートがそれを担います。とはいえ、はっきりしていることは、そういう人びとこそが、そのノンエリートの立場のままで、支配され操作されることなくやってゆける社会でなければならないということです。それを可能にする自主的な営み、それは労働組合運動です。だから労働組合とは、ノンエリートが昇進しやすい制度をもたらすというよりは、昇進なんかしなくても、昇進していったエリートの思いのままにはならない――そんな地点で開き直る人びとの拠《よ》るものです」と書いていた。

落ちるところまで落ちると、あとは開き直るしかない。

企業別労働組合の弱み

開き直ると強いものだ。ということで、もう少し、労働組合の話を続ける。

さて、前述の梅田氏が引用している根津氏の論文は、「賃金下落の原因は、産業別組合と非正規労働者の増大」と指摘している。この文章は、産業別組合と非正規労働者がともに増大しているという意味ではない。産業別労働組合が存続するなかで、非正規労働者が増えていることが賃金下落の要因という意味であろう（なお、根津氏の論文では、「産業別組合」という言葉が使われているが、企業別組合と同じ意味で使われていると思われる）。

実際、大企業に勤める正社員にとって、雇用制度はそれほど変わっていない。繰り返しになるが、日本型経営の特徴といわれた「終身雇用、年功序列、企業別労働組合」は、まだ温存されている。むしろ、こうした日本型経営が維持されているから、日本だけがデフレに陥ったという考え方もできる。そこで、あらためて注目したいのは「企業別労働組合」だ。

日本では、各企業にそれぞれ固有の労働組合が存在している。一方、欧米では、企業ごとに労働組合が存在するのではなく、各企業横断的に、同じ「職」に就いている人々が労働組合を組織している。全米自動車労働組合（ＵＡＷ）などが、その代表だ。

このように企業横断的な労働組合が中心になると、同一労働・同一賃金が守られやすい。一方、企業別労働組合になると、各企業の生産性を反映して、同じ仕事をしていても、企業間で賃金の格差が生じる。たとえば、生産性の高い企業と低い企業があり、そこで、それぞれ同じ仕事をしている二人の従業員がいるとしよう。どちらの賃金が高いのかと尋ねると、我々日本人は、生産性の高い企業の従業員の賃金が高いと答える。この話を日本経済新聞の記者にした時、彼は、「確かに当社の給料は他社よりも高いし、それが当然だと思っていた」と答えたものだ。

しかし、欧米ならば、基本的に二人の賃金に、日本ほどの差は生じない。したがって、欧米では生産性の低い企業は、人件費の重みに耐えられずに破綻し、人材の流動化が起きるのである。

UAWがGMを潰したとも言えるのである。

一方、日本では、生産性の低い企業でも、人件費を下げられる分、生き残りが可能になり、ゾンビ企業になるわけだ。ゾンビ企業は、その存在自体がデフレである。ゾンビ企業が生まれるのは、政府が保護していることもさることながら、同一労働・同一賃金が守られず、賃金が柔軟に決まるからである。

そう言えば、白川元日銀総裁も、この点を指摘していた。2010年10月の講演から該当部分を引用しよう。

「労働慣行が物価動向に与える影響について、若干敷衍《ふえん》しておきたいと思います。日本では、物価上昇率が低下するにつれ、賃金がより伸縮的に設定されるようになりました。そうした伸縮性は、賞与の調整や非正規労働者の採用というルートだけでなく、正規労働者の所定内賃金が下方に伸縮的に調整されることによっても実現されました。サービス産業は財に比べると労働集約的であるため、そうした名目賃金の伸縮的な調整はサービス価格の下落という形でデフレの原因ともなります。ご承知のように、日本は米欧諸国に比べて失業率の上昇幅ははるかに小幅でしたが、その裏側の事実の一つは緩やかなデフレでもあります。日本は、1990年代後半以降、企業経営者と労働者が雇用の確保を優先し、そのために、労働者は賃金の引き下げを受け入れたといえます。これに対し、欧州諸国は日本と比べると、賃金の硬直性が強く、その分、サービス価格の低下を通じたデフレ発生のメカニズムは少なくとも短期的には生じにくいといえますが、その裏側の事実の一つは高い失業率といえます」

「俺ら」と「あいつら」

したがって、労働市場の流動化を促したいのなら、解雇規制を緩和することもさることながら、同一労働・同一賃金を推進するべきなのである。従業員をクビにしやすくするよりも、会社がつぶれやすくなればいいのだ。しかし、企業別労働組合が中心の日本では、ことはそう簡単ではない。

では、なぜ、欧米のような企業横断的な「職種別」の労働組合ではなく、「企業別」の労働組合が発達したのだろうか。ひとつ言えるのは、たとえば年功序列では、終身雇用が有利になり、終身雇用には企業別労働組合が整合的という具合に、それぞれの慣行、制度が相互補完的に支え合って、「日本型」と呼ばれる一つの均衡状態を形成しているということだ。

その日本型経営の特徴である企業別労働組合の場合、良く言えば「労使協調」、しかしその実態は「経営者専制」になりがちである。労働組合が賃上げを要求しても、「そんなことをしたら会社がつぶれるぞ、それでもいいのか?」と経営者から言われると、ほかに行き場のない従業員は、なかなか強硬に反対できない。この場合、賃金は、各企業の支払い能力次第、すなわち経営者のさじ加減ひとつで決まってしまいがちだ。早い話が、なかなか賃金は上がらない。そして、労働者もそれを受け入れざるをえなくなってしまうのである。
こうした雰囲気が非常によく表れている声を一つ聞いてみよう。以下、前掲の『危機にたつ総評』からの引用である。

「普通、組合幹部というのは会社で一生いようという考えを持っていますから、会社をつぶしたら元も子もないと思う。それで大部分の人たちが、この会社にいるかぎりは労働協約の改悪も認めなならんやろうと崩れていきかけた。そこを僕らは、『そらあかん』と。どこの会社にいようと、労働者というのはひとつやないか。俺たちがいま労働条件を下げ、労働協約を放棄するということは、すべての労働者にたいする裏切り行為やといって、ストライキをやろう、断固反対しようといって、立ち上った」

ここに一つ面白い数字がある。争議損失日数（ストの参加人数×ストの日数）だ。前掲の『労働組合運動とはなにか』によると、この争議損失日数の大きさは、それぞれの国の労働組合の交渉力の強さを表しているといえるだろう。２００１年から２００８年の平均値を比較すると、日本を１とした場合、アメリカは１２３、イギリスが52、ドイツは12である。
労働組合は世界的に弱体化しつつあるものの、争議損失日数を労働組合の交渉力とするならば、日本の弱さは顕著である。そもそも総人口の差はあるとしても、米国では日本の１００倍以上もストが行われているのである。

確かに、米国の港湾や英国の地下鉄の労働者は現在でも頻繁にストを行っているが、日本ではストはもはや死語といっても過言ではない。

たまに出張でロンドンに行った際に、地下鉄のストに出くわすと、忌々《いまいま》しい思いにとらわれ、今どきストをするとは、どういう国なのだと腹も立つのであるが、ストがない日本のほうが変な国かもしれないのである。いずれにせよ、同じ仕事に携わる労働者の横のつながりを欠く日本の労働者は、上からの圧力に無防備であると言えるだろう。それは、たとえば、こういうことなのである。もう一度、『危機にたつ総評』からの引用だ。

「イギリスの労働者に学ぶことがずいぶんあると思うんです。それは、イギリスの労働者が常に口にすることは『あいつらと俺らは違う』という言葉なんです。これは思想なんです。『あいつら』というのは資本家、『俺ら』というのは労働者なんです。ところが今、日本の労働運動は『あいつら』と『俺ら』の境がだんだん薄れてきています。もちろん資本家の方は薄れさせるために懸命です」

ストの件数が多い国というのは、要するに、階級社会なのである。「あいつら」と「俺ら」は違うから、戦闘的になるわけだ。一方、終身雇用、年功序列ならば、闘って奪い取らなくても、時間が経てば、少なくとも経済的には、「俺ら」は「あいつら」に近づいていく。それは、ある意味で幸せな社会で、『危機にたつ総評』が発行された1980年代半ばは、日本型経営の絶頂期にあったとも言える。絶頂期であればこそ、労働組合は不要になり、分割・細分化が行われた。「俺ら」は、徒党を組む必要はなく、誰もが「あいつら」に近づけると信じていたからだ。

白川元総裁は、「1990年代後半以降、企業経営者と労働者が雇用の確保を優先し、そのために、労働者は賃金の引き下げを受け入れた」と指摘していたが、民間企業の労使協調路線は、『危機にたつ総評』にもあるように、もっと以前から続いていたものだ。白川元総裁の指摘に加えて、我々が考えるべきことは、「なぜ1990年代に、その傾向が顕著に現れるようになったのか」ということである。

「人本主義」から「資本主義」に

いずれにせよ、バブル経済が崩壊し、非正規雇用の増加などに見られるように、「俺ら」と「あいつら」の差が再び鮮明になってくる。ところが、そこで必要とされる労働組合は、深い眠りについたままなのである。そして、「俺ら」ではなく、「ら」抜きの「俺」になり、どこに帰属することもなくなって、人々は、日本人であることを唯一の拠り所に、ネットを通して「愛国」の名のもとに再び団結したりしている。

相場にたとえると、ピークでヘッジ売りをすべて買い戻し、丸裸で下げ相場を迎えてしまったという感じなのである。それが、労働組合運動の視点から見た「失われた20年」である。時あたかも、ソ連は崩壊し、中国では「改革開放」政策が推進され、社会主義経済のもとに市場経済の導入が図られた。「白猫であれ黒猫であれ、鼠を捕るのが良い猫である」ならば、「鼠を分けてくれ」と交渉するだけの存在とみなされた赤猫（労働組合）は、悪い猫であった。

経済学、とりわけ新古典派経済学は、もともと「分配」を正面から扱わない。「効率的な資源配分は市場メカニズムによって達成される」と、取りつく島もない。その意味では、冷戦終了後、一人勝ちの米国を後ろ盾に、新古典派経済学が隆盛を極めるなか、分配の適正化を叫ぶ労働組合が居場所を失っていくのは、当然の帰結であったともいえる。

ただ、賃金も、他のモノの価格と同じように需給関係で決まる。そして、この需給には、交渉力も関係してくる。実際、店先で、値切ったりするではないか。この需給を矛《ほこ》と盾《たて》に読み替えてみよう。矛は労働者、盾は経営者だ。矛の交渉力は、日本的特徴を背景に相対的に弱体化した。世界がインフレ局面にあった時には、賃金抑制を通して高度成長に貢献した制度も、ディスインフレ局面では一人デフレに陥る要因になった。

一方、この間に「盾」は、より強力になった。バブル崩壊という強烈なショックを機に、資本の効率性を重視せねばならぬと「ROE（株主資本利益率）革命」が浸透、付加価値分配の優先順位が変わってしまったのだ。簡単に言ってしまうと、「株主を満足させるように経営するとすべては上手くいく」という思想に支配されてしまったのである。

日本型の特徴である「人本主義」が、ヒトよりもカネを重視する「資本主義」にとって代わられたということだ。そうなると、もとより企業別労働組合のもと、労働者に対し優越していた経営者が、いっそう株主に寄り添うようになってしまった。その結果、労働組合は、賃金の下落の防波堤としての力不足を、より露呈することになってしまったのである。このように、日本型の雇用制度は、それを守るための努力と、壊す改革が、ともにデフレをもたらしているのである。労働市場の需給を考えると、賃金の下落は「矛盾」ではないのである。

それにしても、労働者の代表は、国会での議席を減らし続けている。比率的には圧倒的に労働者が多いはずなのに、そうした投票行動をしながら、なぜ日本人は賃金が上がると期待できるのであろうか。企業内の分配は生産性で決まるので交渉力は関係ないと洗脳されているからだろうか。不思議と言えば、不思議である。おめでたいと言えば、おめでたい。

「貯蓄から投資へ」という勘違い

ところで、話が横道にそれるが、日本で株式投資が活発にならないのも、日本型の雇用制度に関係があると思われる。その理由を少し考えてみよう。

2014年1月から、NISA《ニーサ》（少額投資非課税制度）が始まった。NISA口座で購入した株式や投資信託の売却益と配当に対する課税を、年間100万円を上限に非課税とする制度だ。金融業界では、この制度を「貯蓄から投資へ」の切り札として期待している。しかし、それにしても「貯蓄から投資へ」というキャッチフレーズは、何年前から使われているのであろう。これほど長く使われ、それが実現しない目標も珍しい。

いちばん大きな間違いは、投資の「仮想敵」として、「貯蓄」を念頭に置いていることであろう。こうした間違いが起きるのは、金融資産の資産構成比だけに注目しているからである。読者は、次のような解説を一度ならず目にしたことがあろう。日本では金融資産の55%が預貯金で、株式や投資信託の比率は10%しかない。それに対して、米国では預貯金は14%しかなく、株式と投資信託は44%である。日本人は、異常に預貯金をため込んでいる。この資金を有効に利用しなければ、日本の成長は期待できない。

しかし、これは、読者の生活実感に必ずしもしっくりこないはずである。なぜなら、我々は「金融資産」だけを保有しているのではなく、資産として不動産などの「実物資産」も保有しているからだ。資産の構成比を議論するなら、金融資産だけではなく、実物資産を含めた総資産に占める各資産の比率を比べるべきである。このように、総資産をベースに比較すると、日本人と米国人のリスク選好がそれほど変わらないことがわかる。株式や投資信託に土地や住宅などの不動産を加えたものをリスク資産とするなら、リスク資産と安全資産の比率は、日米ともに7対3程度になる。

日米の金融資産構成比

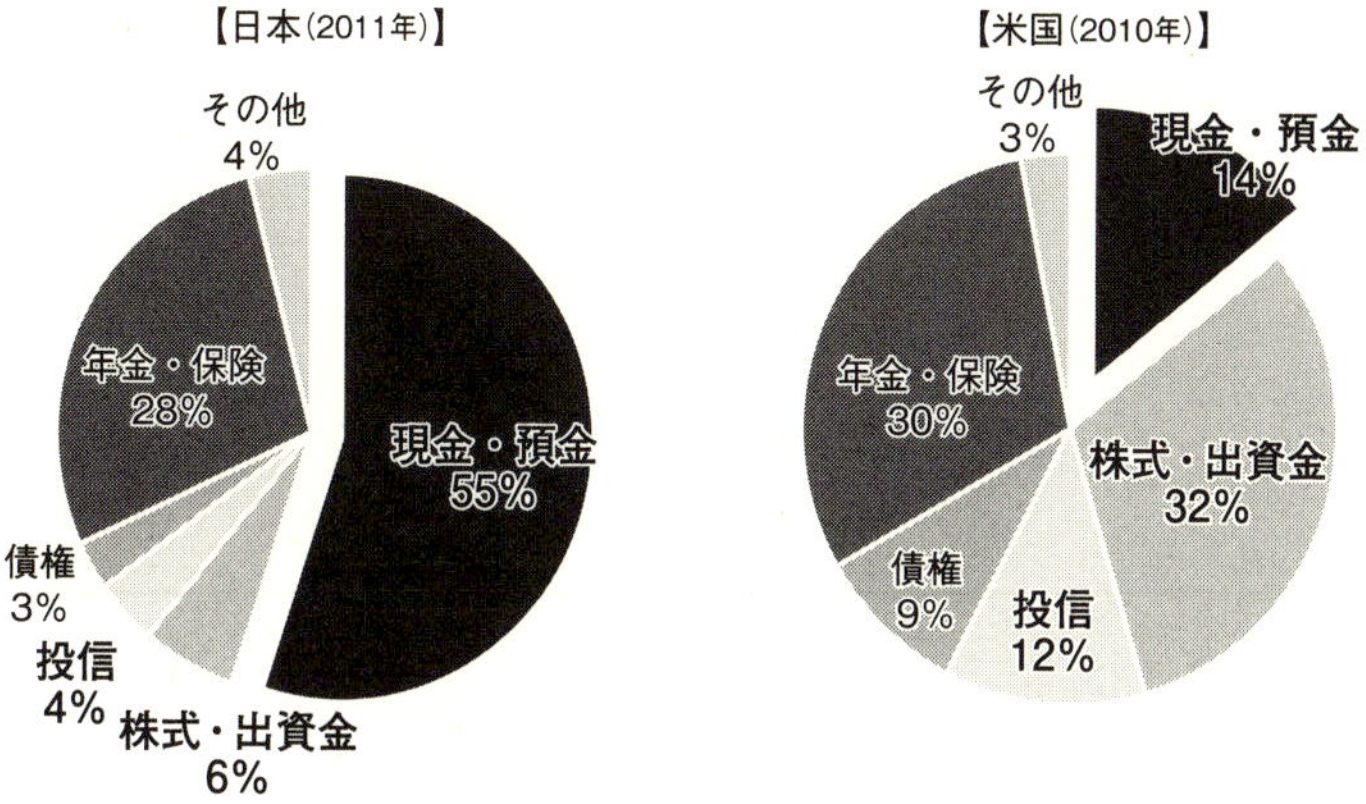

日本人は現金・預金ばかりでリスクを取りたがらない……？

⇩

「金融資産」に加え、「実物資産」も含めて比べてみると……

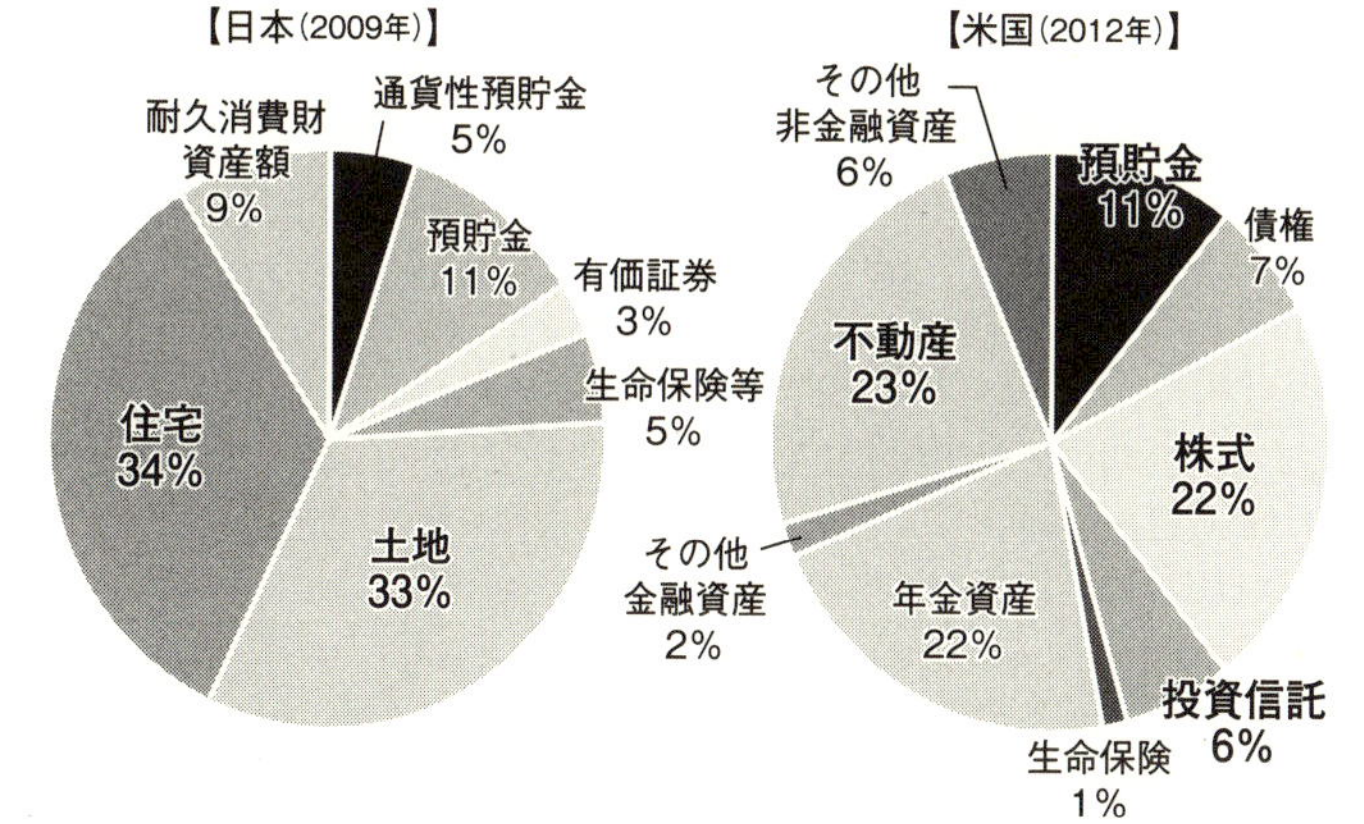

「リスク資産」と「安全資産」の比率は日米とも７：３程度

＊日銀「資金循環統計」、FRB「資金循環統計」、総務省「全国消費実態調査」、『49歳からのお金』(大垣尚司／日本経済新聞社)より作成

すなわち、日本人が株式投資に消極的にならざるを得ないのは、不動産に多額の投資を行っているからなのである。言い換えると、持ち家比率が高く、不動産の相対価格も高いからなのである。東京では、住宅価格は年収の10倍である。年収600万円の人たちが6000万円の家を買っている。では、なぜ不動産投資に傾斜しているのかと言えば、おそらく、終身雇用、年功序列を特徴とする雇用制度のもと、長期のローンも組みやすく、不動産を求めやすくなっているからであろう。前述の制度や慣行の相互補完性は、資産構成にまで影響を及ぼしているのである。

したがって、株式投資を増やしたいのなら、「貯蓄から投資へ」と旗を振るのではなく、「不動産から投資へ」と言わなければならない。ただし、そのためには日本型経営を崩すことが前提条件になってくるのである。

「職探し」ではない「就活」

その日本型経営は、少しずつ崩れ始めてはいるものの、まだ全面的に崩壊したわけではなく、コアの部分は残っている。濱口桂一郎氏の『若者と労働』（中公新書ラクレ）に面白いエピソードが紹介されていた。

ある大学の先生が、就活中の学生に「どうしてハローワークに行かないの?」と聞くと、学生が「ハロワに行くのって、『職探し』って感じがするんですよー」と答えたという。それを聞いた先生は、「いや、お前らが今やっているのは『職探し』やろ」と絶句したという話だ。現代の学生も、「職」を探しているのではなく、あくまでも「入社」したいのである。「ジョブ」ではなく、「メンバーシップ」が欲しいのだ。ことほどさように我々の意識は変わっていない。

だから、「貯蓄から投資へ」は容易に進まないのである。様々な制度が相互補完的に作り上げている日本の均衡状態に、海外で機能している制度を「日本版○○」として部分的に移植しても、どうしても拒絶反応が起きるのは、この均衡が「よそ者」を寄せつけず排除するせいであろう。

ついでに言っておくと、第一次安倍政権が2007年4月に取りまとめた「成長力加速プログラム～生産性5割増をめざして～」という成長戦略の中核とみなされていたのは、「ジョブ・カード」という新型の職業訓練・技能評価制度であった。しかし、この制度は実現したものの、あまり使われていない。おそらく、ほとんどの読者は「ジョブ・カード」という名前も初めて目にするのではないか。

どうして普及しなかったのか。一つの理由は、同制度の導入をはかる際の情勢判断に、誤りがあったからだと私は考えている。当時、経済財政政策担当大臣であった大田弘子氏は、『改革逆走』（日本経済新聞出版社）のなかで、新政策導入の背景を次のように説明している。

「高度成長期の日本型雇用システムでは企業内訓練が主流だったために、いまだに正社員にならなければ職業訓練を受ける機会が十分に与えられない。すなわち、新卒時に正社員になれるかどうかが、将来の可能性まで縛ってしまうのである。これを改善するには、企業に入らなくても、企業と同様の実践的な職業訓練を豊富に提供されることが必要だった」

確かに、このような文章を読むと、思わず納得してしまう。しかし、現在の若者の意識は、依然として、「ハロワに行くのって、『職探し』って感じがするんですよー」なのである。そういう彼らが「ジョブ・カード」を使うとは考えられない。

こうした「就社」意識には、根深いものがある。菅山真次氏の労作『「就社」社会の誕生』（名古屋大学出版会）は、「『就社』社会と呼ばれるにふさわしい現代日本社会の『制度』は、通常予想される以上に、近代以前から連綿と受け継がれてきた『伝統』の強い影響力のもとで形成されてきた」と分析している。

ここで、菅山氏が指摘している「通常予想される」というのは、大田氏の言う「高度成長期の日本型雇用システムでは……」を指していると言えよう。日本型雇用システムの起源が高度成長にあるなら、高度成長の終焉とともに雇用制度も変えなければならない。しかし、その起源がもっと古く、かつ、菅山氏が指摘しているように日本的な「伝統」に起因するものならば、戦略も別の姿にならざるを得ない。

すなわち、その欠陥も認識したうえで、つまり、「日本的伝統が、現代社会が追求すべき普遍的価値である、個人の自由を制約する契機を孕《はら》んでいる」というマイナス面（たとえば、個人の都合より、会社の事情が常に優先されてしまうという意味での「社畜」化など）に自覚的でありながら、「伝統のもっとも優れた部分を活かしていくという視点に立つ、制度改革へのアプローチ」が求められるということだ。

「ジョブ・カード」の導入という社会実験が失敗に終わったのは、その前提となる仮説が間違っていたことを示している。仮説とは、「日本型雇用システムが高度成長期に生まれたものならば、高度成長の終焉によって、その社会的使命を終えている」というものだ。

これは、実に示唆に富む話である。大きなトレンドが、日本型の制度を壊す「改革」から、日本型の伝統を活かすという「保守」に転換していることをうかがわせる。「改革」から「保守」への転換については、あとでもう一度触れることにしたい。

「賃上げ」を求めるモンスター・ガバメント

さて、こうした構造問題を背景とする賃金の下落を止めるべく、安倍政権は、経営者に賃上げを要求している。経済産業省の局長や課長クラスが企業に赴いて賃上げを要請するという話まである。ご苦労なことだ。

デフレの原因が賃金の下落なので、賃上げすればデフレから脱却できるというのは、その通りかもしれないが、あまりにも安直で、強権的ではないか。息子の点数が悪いのは、先生が良い点をつけてくれないからだといって、学校に乗り込んで先生を吊るし上げる「モンスター・ペアレント」を彷彿とさせる。いわば「モンスター・ガバメント」である。

そもそも企業が生み出した付加価値を、従業員や取引先企業、さらには株主といったステークホルダー（利害関係者）の間でどのように分配するのかは、それぞれとの交渉を行ったうえでの「企業の経営判断」による。政府が口をはさむ余地はない。経営者が政府に命令されたから労働者への分配を増やす、つまり賃金を上げるというのではなく、そうすることが「結果的に」企業価値を高めることになると考え、賃上げの判断を下すようにならねばならない。

たとえば、経営者が市場の短期主義に翻弄され、近視眼的になりすぎ、「結果的に……」という判断を下す余裕を失い、必要な投資をせず賃下げを行っているのであれば、政府に求められるのは、その要因と弊害を分析してみせ、市場参加者や経営者に理解させることであろう。人は、問題を理解し、それが自分の利益になると納得すれば、苦い薬も飲める。その際に求められるのは、説得力であり、腕力ではない。最近の日本では、説得力よりも、腕力にものを言わせる政策が目につく。その原因は、分析力の乏しさにある。

その対極にある政府の取り組みとして注目したいのは、2012年7月に英国で発表された「ケイ・レビュー」である。この報告書は、英国のビジネス・イノベーション・技能省の求めに応じて、英国の経済学者であるジョン・ケイがまとめたもので、正しくは「英国の株式市場と長期的意思決定に関するケイ・レビュー」という。「ケイ・レビュー」は、日本経済にとってもたいへん示唆に富む論考なので、次章でさらに詳しく考えてみたい。

第6章　日本型経営の再評価とデフレ脱却

「短期主義」を批判する「ケイ・レビュー」

英国の経済危機の背景を分析した報告書である「ケイ・レビュー」。この中で、ジョン・ケイは、市場の短期主義が成長の阻害要因になっていると結論づけている。さらに、短期主義により、企業は、設備投資や新製品の開発、従業員の能力向上などへの投資を抑制し、すぐに利益になるようなリストラやM&A（合併・買収）に過度に依存するようになると批判的に分析する。「すぐに利益になる」というのは、「安直に株主の取り分を増やそうとする」という意味である。そのためには、取引先企業や従業員など、ほかの誰かの取り分を削ってこなければならない（リストラ）。あるいは、別の会社の取り分を横取りしなければならない（M&A）。

投資家に対しても、相対的なパフォーマンスを競わされる結果、企業価値を分析するのではなく、競争相手の行動ばかりが気になり、結果的に付和雷同《ふわらいどう》が起きやすくなっていると警鐘を鳴らしている。相対的パフォーマンスを競うとは、競争相手の運用成績がマイナス20％でも、自分がマイナス18％なら勝ちという競争のことである。この場合の究極の競争相手とは、たとえば日本なら、TOPIXなどの株価指数そのものである。つまり、市場の平均的な運用成績が基準になるわけだ。

その市場平均に勝つためには何をすればよいか、あるいは少なくとも負けないためには何をすればよいか。答えは、「市場と同じことをする」である。同じことをするとは、付和雷同である。日本では、ともすれば「国際競争に勝つために……」と言われるが、グローバル市場で行われている競争は、短期的な相対的パフォーマンスを競うもので、これはゼロサムゲームであり、勝者なき競争なのである。

ちなみに、日銀の量的・質的金融緩和は、早い話が「期待に期待する」というものである。繰り返すが、経済学者が使う「期待」とは「予想」の意味である。したがって、「期待に期待する」とは、「予想を予想する」という意味であり、これはまさにケインズの言う美人投票の原理だ。美しい人に投票するのではなく、みんなが美しいだろうと思う人に投票する。そうなると、付和雷同は避けられない。というか、これはまさに付和雷同を期待するものであり、「ケイ・レビュー」とは、やはり対極にある考え方である。

大人はＲＯＥ、子どもはコスパ

さて、「ケイ・レビュー」が批判する短期主義に、日本の経営者は陥りやすい構造になっている。言うまでもなく、年功序列、終身雇用のもと、日本の経営者は、かなり高齢になってからトップに上り詰める。したがって、在任期間も相対的に短くなりがちだ。その短い間に結果を出せと株主から責められると、自《おの》ずと取引先企業をいじめ、従業員に泣いてもらい、金利をゼロにして、法人税も下げろという行動になりがちだ。株主以外のステークホルダー（利害関係者）の取り分をすべて削って、株主だけに応えるようになってしまう。

確かに、短期ならそれでよいのかもしれない。短期と長期を区別するのは、デイ・トレードか、バイ&ホールドかといった単純な時間軸の違いではない。静止画像を見るようにスタティック（静態的）に考えるか、動画を見るようにダイナミック（動態的）に考えるかの違いである。静止画像で見るなら、従業員の取り分を削って株主に付け替えることで、株主が満足できるように見える。

しかし、これが動画になると話は変わる。賃金を削られた従業員は消費に慎重になり、コスト削減を迫られる取引先も萎縮してしまう。金利がゼロになると利子では食えなくなり、法人税が減ると、政府支出も減らさざるを得ない。「結果的に」経済活動は鈍り、「結果的に」株主の取り分は減ってしまう。この「結果的に……」を考える余裕を与えないのが、短期主義である。「ケイ・レビュー」は、それが英国の経済成長の妨げになってきたと指摘しているのだ。この「ケイ・レビュー」は、日本のデフレの分析だと言われても、何の違和感もない。

それに対して、現在の日本では、「デフレの原因は、日銀である」と、日銀が責められ異次元緩和が始まった。それでも、賃金が上がりそうにないと、今度は、政府が経営者に賃上げを直接要求している。「ケイ・レビュー」との差は、あまりにも大きい。

この差に気がついていないものだから、今度は、公的年金を使って、成長企業に積極的に投資

ROE（株主資本利益率）の3要素

$$\text{ROE}\left(\frac{\text{純利益}}{\text{株主資本}}\right)$$

$$=\underset{\text{純利益率}}{\text{売上高}}\left(\frac{\text{純利益}}{\text{売上高}}\right)\times\underset{\text{回転率}}{\text{総資産}}\left(\frac{\text{売上高}}{\text{総資産}}\right)\times\underset{\text{レバレッジ}}{\text{財　務}}\left(\frac{\text{総資産}}{\text{株主資本}}\right)$$

させようという案が計画されている。その成長企業を選ぶ尺度として用いられるのがＲＯＥ（株主資本利益率）らしい。結果的に、ＲＯＥが高くなるのは好ましいことだ。しかし、企業にＲＯＥの改善を要求する結果、「企業経営者に緊張感を与えることになる」（日本経済新聞、２０１３年10月５日）というのは、まさに「ケイ・レビュー」が批判している短期主義を助長しかねない。

こんなふうに、大人たちがＲＯＥ至上主義にとり憑《つ》かれているものだから、「さとり世代」と呼ばれる最近の若者たちは、ふた言目には「コスパ（コストパフォーマンス）」と言うようになったのではないか。

ちなみに、ＲＯＥは、次の三つの要素に分解することができる。「ＲＯＥ（純利益÷株主資本）＝売上高利益率（純利益÷売上高）×総資産回転率（売上高÷総資産）×財務レバレッジ（総資産÷株主資本）」である。この三つの値を大きくすると、ＲＯＥは高くなる。なかでも、最も改善を期待されているのは「売上高純利益率」だ。他の二つと比較して、これが本質的に重要だと思われているからだ。

たとえば、総資産回転率を高めたいなら、分母の資産（工場など）を売却してしまえばよい。また、財務レバレッジを高めたいなら、借金を増や

「売上高」というパイの分配

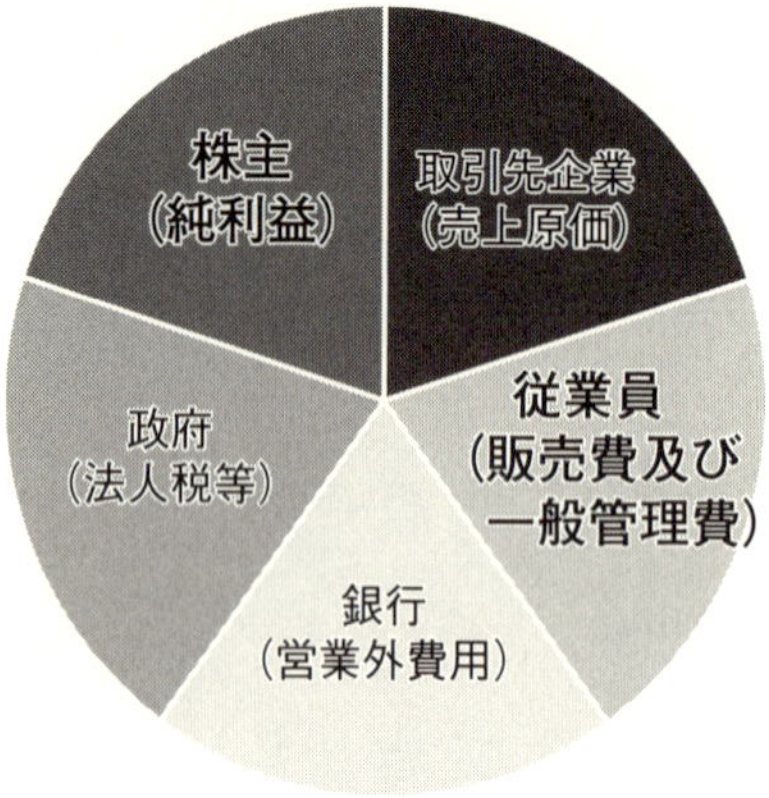

「利益」はあくまで「株主のもの」だが、従業員の給料はそこから配られているわけではない!

せばよい。ただ、いずれもその結果企業の体力を損《そこ》ない、体質を悪化させる危険性がある。だから、売上高利益率を増やせ、ということになるわけだ。しかし、売上高利益率を高める場合にも、やり方次第では問題が生じる。これを手っ取り早く高めるためには、売上高というパイの分配の際に、株主の取り分である利益を優先し、取引先企業や従業員の取り分を減らせば済むからだ。短期間での結果を求められると、経営者は、パイを大きくし、結果的に利益を増やそうとするのではなく、パイの切り分け方を変えるほうを選択しがちである。

ところで、「企業が稼いだ利益をどれだけ従業員に配っているかを示す労働分配率は……」という新聞記事を見かけたが、これは間違いである。正しくは、「企業が生み出した付加価値をどれだけ従業員に配っているかを示す労働分配率は……」と書くべきだ。

山岸章《あきら》元連合会長は、「『企業努力の結果生み出された金の卵は、消費者（お客さま）と経営者と労働者に三等分される』という、わが国生産性向上運動の原理だけは絶対に忘れないでもらいたい」（『変化への挑戦』日本評論社、１９９０年）と書いていたが、「失われた20年」の間に、この「原理」は完全に忘れ去られた。

山岸氏の言う「金の卵」とは、すなわち「付加価値」である。企業は、付加価値というパイの形成に貢献してくれた従業員に「賃金」を支払い（分配し）、同じく株主に「利益」を支払う（分配する）。「利益」は、「企業のもの」ではなく「株主のもの」だ。

その意味では、「賃金」と「利益」は同等であり、従業員は利益から賃金をもらうわけではない。それにもかかわらず、「利益をどれだけ従業員に配っているか……」と書くと、まるで利益が上がらなければ賃金をもらえないような錯覚を生む。暗黙のうちに、本来同等であるはずの株主を従業員の上位に置いていることになる。こういうさりげない間違いが繰り返されることによって、それが常識になってしまうのが怖い。

利益という「コスト」

利益と賃金は同等であると書いた。賃金が企業にとって「コスト」なら、利益も企業にとって

「コスト」である。実際、危機に陥った企業が、生き残るためにコストカットとして賃金を切り下げるように、利益を削って（赤字を出して）、株主に我慢してもらうこともある。どちらにより負担を強いるかは、ケース・バイ・ケースであり、従業員と株主の交渉力の強さ、声の大きさにも依存する。

同じことは「利益」と「金利」にも言える。株主に支払う利益と、銀行に支払う金利は、同等である。したがって、「利益は金利だ」とも言える。むろん、あらかじめ決められた日に決められた金額を支払わなければならない本来の「金利」と、企業を取り巻く経済環境次第で、もらえないこともある「利益」では、その性格は異なる。しかし、企業に提供したお金の見返りとして支払われるという意味では、利益も金利も同じだ。したがって、株主が出資した金額への見返りである「ＲＯＥ（株主資本・利益・率）」は、「株主資本〝コスト〟」と呼ばれるのである。利益はコストであり、金利の一種なのである。

それにもかかわらず、「企業の目的は、利益の最大化である。それ以外の何物でもない」と言ってしまうと、「企業は、株主のためだけに存在する」ということになる。ただ、これは普遍の真理ではなく、アメリカン・ビジネス・モデルの教義である。

この教義を支える論理は次の通りだ。市場は常に正しい。企業の価値を売買している代表的な市場は株式市場である。その株式市場での評価を高めるためには利益を上げねばならない。

しかし、何度もバブルが生まれては壊れる市場は、常に正しいのだろうか？　そんなわけはない。したがってこの教義は、絶対的なものではない。

利益もコストの一種であり、賃金と同等である。また、利益も一種の金利であり、銀行への支払いと同等であると、相対化しなければならない。

利益は大きいほうがよいし、増えたほうがよい。同じように、賃金も多いほうがよいし、増えたほうがよい。企業経営者は、その両立を図るべきであって、片一方に犠牲を強いて、もう片一方を満足させても仕方がない。その場合、必ずおとなしいほうが割を食う。

１９８０年代末まで、株式の持ち合いが当たり前であった時代には、実は株主が割を食っていた。株価が上昇している時には、報われているように見えたが、結果的にはそれはタダの泡だと思い知らされた。１９９０年代以降、株主の声が相対的に強くなると、今度は労働者が割を食うことになってしまった。リストラをした会社の株が上がるので、それが正義だということになった。どちらもおかしい。何事にもバランスが重要である。

しかし、今はまだ、株主の取り分であるＲＯＥを最大化することが至上命題のようになっている。実際、私たち国民の資産である国民年金や厚生年金の運用においても、「ＲＯＥの高い企業に投資するように」という「お達し」が出るという話まである。

株主資本コスト決定委員会

なお、国民年金の積立金の運用については、国民年金法第75条に、次のように規定されている。

「積立金の運用は、積立金が国民年金の被保険者から徴収された保険料の一部であり、かつ、将来の給付の貴重な財源となるものであることに特に留意し、専《もっぱ》ら国民年金の被保険者の利益のために、長期的な観点から、安全かつ効率的に行うことにより、将来にわたって、国民年金事業の運営の安定に資することを目的として行うものとする」

重要なのは、「被保険者の利益のために、長期的な観点から」という部分である。公的年金は、被保険者の利益以外の目的で使われてはならないものである。したがって、公的年金が株価対策に使われることなど、あり得ない。また、長期的、すなわち、ダイナミックな考えのもとで運用されねばならないということは、ＲＯＥを要求した場合の経営者の反応・行動を、「合成の誤謬《ごびゅう》」も含めて考えろという意味である。

「合成の誤謬」とは、それぞれが良かれと思ってやっていても、足し合わせてみた結果は逆に悪かったというものだ。たとえば、すべての企業経営者が利益を出そうとコスト削減に励むと、すべての企業の売り上げが削減したコスト以上に減って、元も子もなくなるというような話であ

日本企業のバランスシート(全産業、資本金10億円以上　2013/6現在)

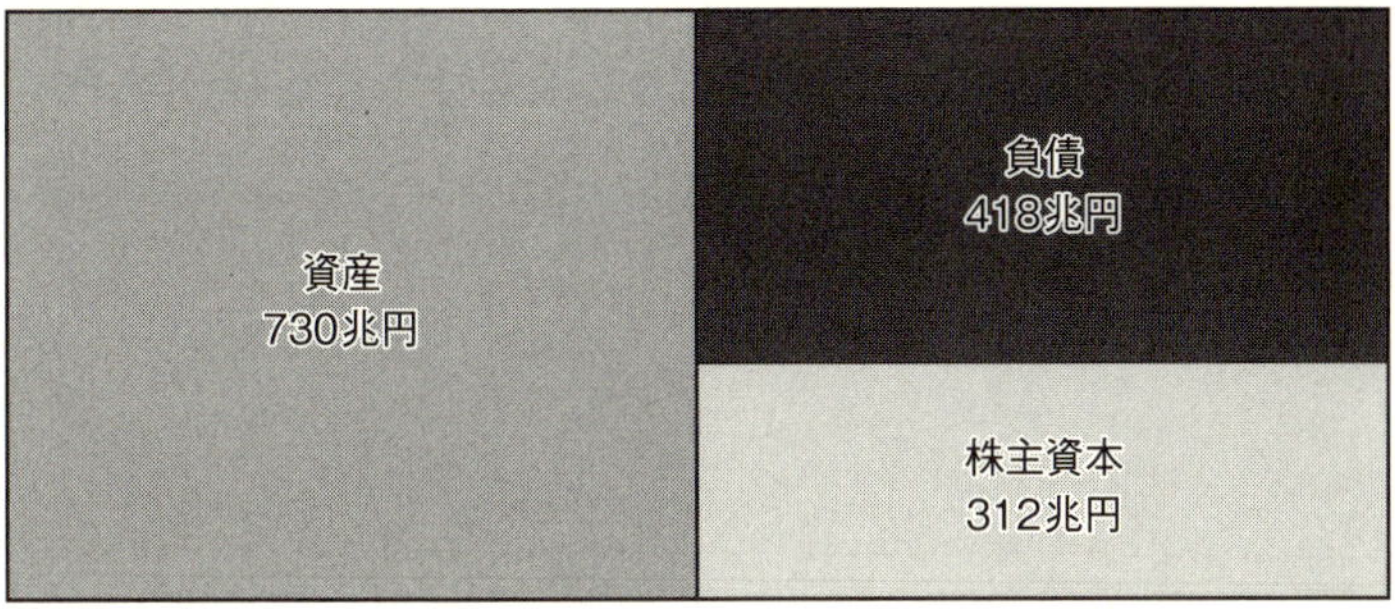

「負債」のコストは中央銀行が金利の
上げ下げなどによって決定する。
では、「株主資本」のコストは……？

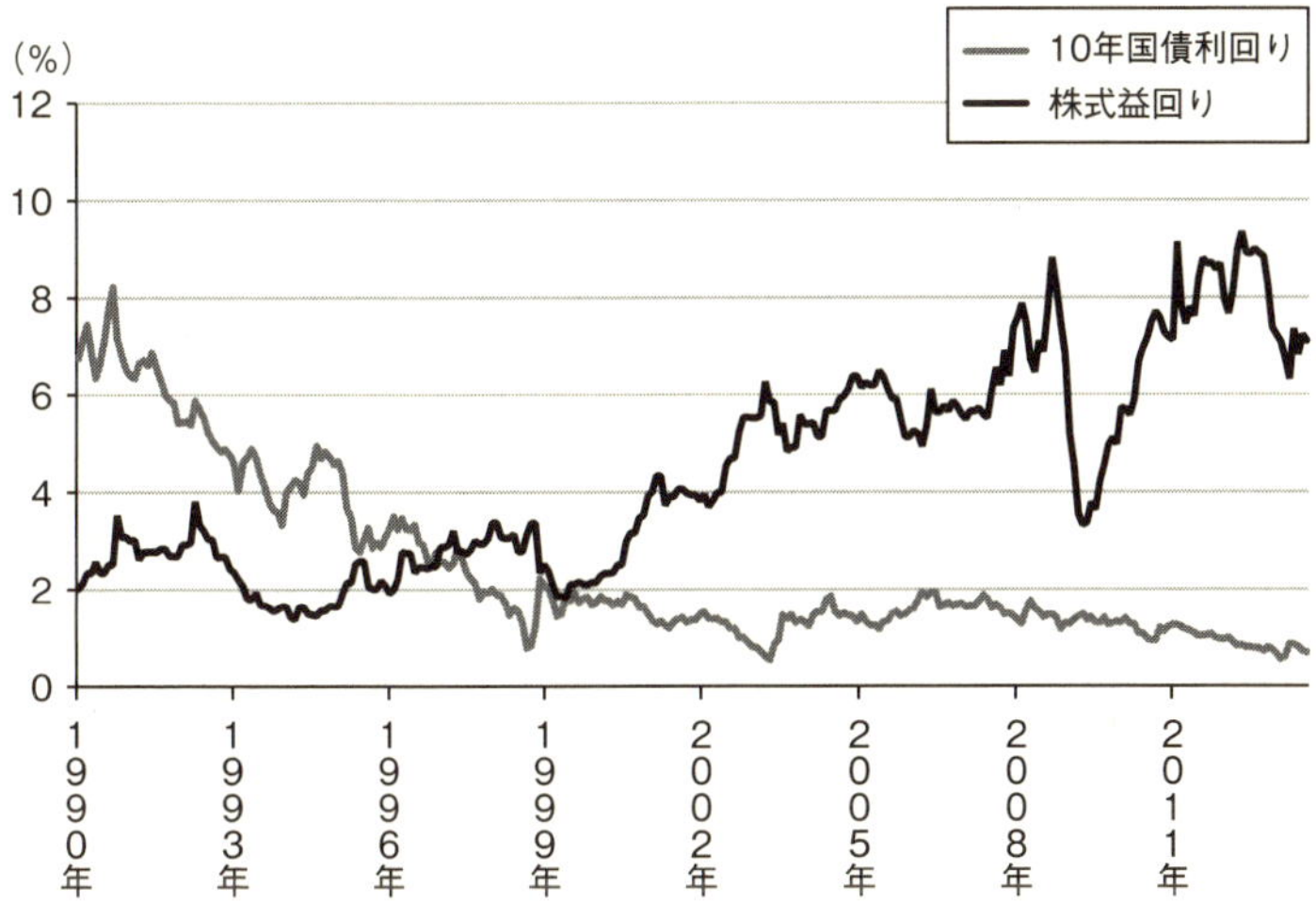

いくら金利が下がろうが、株主の要求水準が高いままでは……

る。言うまでもなく、ある企業のコストは、その取引先企業にとっては売上高である。

ＲＯＥを高める、すなわち株主の取り分を増やすために、経営者が近視眼的に取引先や従業員の取り分を減らすようだと、やはり「合成の誤謬」が発生する。単純にＲＯＥを投資基準にすると、思いもかけない不本意な結果をもたらす危険性もあるということだ。それが、国民年金法の立法精神に適《かな》ったものかどうか、考える必要はあろう。

それにしても、そこまで政府が強権的に市場に関与したいのなら、一つ提案がある。「株主資本コスト決定委員会」を作ったらどうか。

日本企業のバランスシートを見ると、右側の約半分が負債であり、残りの半分が株主資本だ。この負債のコストは、エリートが少人数で決めることになっている。すなわち、日本銀行であり、世界的にはＦＲＢやＥＣＢだ。負債コストに責任を持つ中央銀行は、景気が悪い、インフレ率が下がりすぎると判断すれば金利を下げ、景気が良すぎるからインフレが心配だという場合に金利を上げる。

しかし、企業経営に影響を与えるもう半分の株主資本コストは、大衆が株式市場で売ったり買ったりする結果として決まっている。しかも、民主主義ではなく弱肉強食の世界なので、もっとも強欲な投資家の意見が通りがちだ。「俺様が、８％欲しいと言っているのに、文句があるか」と言われると、「ありません」と小さくなるほかない。低成長が続き、需要不足が懸念されているのに要求水準を下げる気配はない。株主資本コストは、高いままだ。いくら負債コストがゼロに近づいても、両者の平均である資本コストは高くなり、企業活動を抑制することになる。「地域に貢献すべく病院を作りたい」という企業は、投資家から罵声を浴びせかけられる。「そんな世《よ》迷《ま》い言《ごと》は儲けてから言え」と言われておしまいだ。

そこで「株主資本コスト決定委員会」が登場する。「デフレが心配されるので、来月から、証券アナリストが使う割引率（資本コスト）は一律２％にします」と宣言する。中央銀行が政策金利を引き下げるのと同じだ。すると、これまで投資を諦めていた企業の背中を押すことも可能になる。その逆もありだ。「あまりに景気が過熱しているので、来週から、割引率を８％にします」と通達する。証券アナリストたちは、この「株主資本コスト決定委員会」に従わねばならない。

投資を増やしたいなら割引率を下げろ

企業が投資判断を行う際に注目しているのは、そのプロジェクトの「ネット・プレゼント・バリュー（ＮＰＶ、プロジェクトの現在価値－当初の投資額）」が、プラスかマイナスかということだ。これがプラスだと、元が取れるからやってみよう。マイナスだと、元が取れないから止めようという判断になる。

このＮＰＶを計算する際に肝になるのは、「割引率（要するに、金利）」だ。たとえば、毎年10

億円のキャッシュフロー（利益など、将来受け取ることになるお金）が期待できるプロジェクトがあったとしよう。このプロジェクトの現在価値（将来ではなく、今、そのお金をもらえばいくらになるか）は、「毎年のキャッシュフロー÷割引率」で求めることができる。

たとえば、同じ10億円のキャッシュフローも、割引率が10％なら、現在価値は１００億円。割引率が２％なら、現在価値は５００億円になる。この計算結果が示しているように、どのような割引率を使うかは、投資判断にとって、とても大切なことである。同じキャッシュフローでも、割引率を10％から２％にすることにより、現在価値が１００億円から、５００億円へと5倍になる。

当初の投資額が２００億円だとしよう。現在価値が１００億円のプロジェクトでは元が取れない。現在価値が５００億円なら、儲かるからやろうということになる。その判断は、どのような割引率を使うかで異なってくるわけだ。私たちは、「金利」という言葉には具体的なイメージを持てるが、「割引率」と言われると、なじみがない分、煙に巻かれやすくなる。

実際、現実の証券市場では、この大切な割引率に、いい加減とは言わないまでも、かなり大雑把な数字が使われている。その理由は、割引率、特に割引率を求める際の肝中の肝になる、「要求リターン」を求める確立された方法がないことだ。さらに、相対的なパフォーマンスを競ううえでは、どの企業にもあてはまる不透明な材料はそれぞれ相殺されるので、突き詰めて考える必要がなくなってしまうことも大きい。もう少し詳しく説明しよう。

「要求リターン」とは、株式などの資産に投資する際に、「この程度の見返りは欲しいなぁ」という我々の期待のことだ。計算式の解説は省略するが、この要求リターンで、ほぼ割引率が決まると考えていただいてよい。その肝心要《かんじんかなめ》の要求リターンには、実は「正解」というものがないのである。過去の運用成績が使われる場合が多いものの、これは、過去20年を使うか、過去50年を使うかというようにデータの対象範囲を変えることで、何通りもの「正解」を作ることが可能になる。

さらに、「相対的なパフォーマンスを競ううえで、共通する不透明要因は相殺される」とは、こういうことだ。たとえば、割引率という大きな不透明要因も、その影響がA社とB社に対して同じならば、A社とB社の株価の優劣だけを相対比較する際には、特に重要な要因ではなくなるという意味だ。A社のキャッシュフローが20億円で、B社のキャッシュフローが10億円だとしよう。それぞれ、10％の割引率を使うなら、現在価値は200億円と100億円だ。割引率を2％にすると、現在価値は1000億円と500億円になる。どちらの割引率を使っても、A社とB社の現在価値の比率は2対1で変わらない。A社とB社の絶対価格ではなく、相対価格を知るだけなら、割引率は何だってよいのである。

このように、相対的なパフォーマンスをもっぱら競う市場に任せておくと適当に扱われてしまいがちな、割引率というとても大切な要因は、「株主資本コスト決定委員会」に任せたほうがよいのではないかと思うのである。

これは、夢物語のように見えるのかもしれないが、1980年代までの日本は、事実上、「株主資本コスト決定委員会」が制度化されていた。金融機関と事業法人などの間で行われていた「株式の持ち合い」がそれだ。そこでは、「お互い様」ということで、要求リターン、すなわち株主資本コストは、事実上ゼロであった。それで、投資は積極化し、バブル経済を作ってしまったのである。

現在の日本では、負債コストはもう下げようがないのだから、いかに株主資本コストを下げるかという議論をすべきである。その際の下策《げさく》は「株主資本コスト決定委員会」の設置である。いっそのこと、この地区の証券アナリストは、割引率を2％にしますという特区でも作ればどうか。上策《じょうさく》は、投資家や企業経営者が、長期的に、すなわち、ダイナミックに物事を考えるように、動機づけることである。それが「ケイ・レビュー」の意味である。

「人を、愛せよ」と言った海賊

ところで、2013年に本屋大賞を受賞したのは『海賊とよばれた男』（百田尚樹、講談社）だ。この小説のモデルになったのは、出光興産《いでみつこうさん》の創業者である出光佐三《さぞう》だ。この出光佐三の経営には、二つのメッセージがあると思う。

一つは、株主価値の極大化を目指すよりも、ステークホルダー全員に配慮した経営のほうが、長期的に良い結果をもたらすのではないかということ。

もう一つは、「要求リターン」には正解がない。高ければ結果が良いというものではなく、低くても、極端な話、ゼロでも、結果が逆に良い場合もあるということだ。

一つ目のメッセージから考えてみよう。『出光佐三語録』（木本正次、PHP文庫）の冒頭で紹介されているのは、常に佐三の右腕であった石田正實《まさみ》の証言だ。「この人（引用者注・出光佐三）は、私とは、四十年を超える長い付き合いであった。にもかかわらず、私にはただの一度も、『金を儲けよ』とはいわれなかった」。ちなみに、金を儲けよとは、株主のために働けという意味である。

では、佐三は何を言ったのか。「人を、愛せよ」と言った。「人間を、尊重せよ」と言った。この場合の「人」とは、「自分の社員であり、また、お得意さんでもあり、さらに広くは国民全体でもあった」。これは、まさに、ステークホルダー全般に目配りせよと言っているに等しい。そのうえで、「日本人として、誇りの持てる経営をせよ」と言ったという。

これは、短期主義が陥りがちな経営、すなわち、「早く結果を出せ」と株主から責められた挙げ句に、取引先企業をいじめ、従業員を泣かせ、金利をゼロにして、法人税も下げろという経営の逆である。「日本人として、誇りの持てる経営」を私なりに解釈するなら、「日本的伝統に起因する様々な文化、制度、慣行、法律が相互依存的に形成している日本的な均衡を、十分に踏まえた経営をせよ」という意味になる。

ところで、私が出光佐三の経営に注目したのは、『海賊とよばれた男』を読んだからではない。彼の経営は、神戸大学で長らく経営学を教えてこられた加護野《かごの》忠男氏の『経営の精神』（生産性出版）で、すでに紹介されていたからだ。それが、二つ目のメッセージに関連している。

加護野氏は、まず、こう言っている。

「経済学の教科書には企業の目的は利益（利潤）の最大化だと書いてある。最近の経済学者にとって、これは疑う余地のない大前提である。一般の人々にとっても、企業は利益を目指すもの、というのが常識である。……この前提は本当に正しいのだろうか。利益は経営の善悪判断の重要な基準であるが、それが唯一のあるいは最重要の基準であるかと問われれば、私なら否と答えるであろう。企業の目的は利潤の最大化であるという前提は、まったくの間違いとは言えないが、限りなく間違いに近いと私は考えている」

その理由として、企業には「利益よりも大切な目的があると考えている経営者もけっこう多い」と述べ、その実例の一つとして、「黄金の奴隷になるな」という出光佐三の言葉が紹介されているのである。

お金をもらった海賊

さて、その出光佐三の創業時を支えたのは、日田重太郎《ひだじゅうたろう》である。前掲『経営の精神』によれば、日田は、現在の金額に換算すると8000万円になる大金を、佐三に贈与している。その際の条件は、「誰からこのお金をもらったかを口外しないこと」「志を持って仕事をすること」「一緒に働く人々を大切にすること」の三つであったという。

贈与というのは、「要求リターン」がゼロだという意味である。この「要求リターン」ゼロの資金で、出光佐三は出光興産を創業し、一つの時代を築いた。欧米には、エンジェル投資家と呼ばれる人たちがいる。創業間もない企業に対し資金を供給する、富裕な個人のことを指すことが多い。

この「エンジェル」の意味だが、「要求リターン」が低いということではないか。このような話になると、そもそも日本には富裕な個人がいない、税制を変えろという話になるが、ことの本質は、要求リターンが低いことであり、富裕な個人がいることではない。日本という社会が、そのことを理解して、行動すればよいのではないか。ちなみに、日田は、佐三の人格の高潔さを認めて創業資金を贈与したのであり、ROEが高いから投資したわけではなかった。それこそ、要求リターン・ゼロは、「永遠のゼロ」にとどまるのではなく、大きなビジネスを生み出したのである。

こうした発想は、課題先進国と呼ばれる日本において、ますます重要になってくるのではないだろうか。「課題先進国」の名づけ親である小宮山宏氏は、これからの日本では、「頭だけで考えてもダメなのです。机上のプランでは問題がないように見えても、実際にやってみると、期待と全然違う、ということがあるのです。……社会実験をしないと、そういうことがわからないのです」（『2030年　超高齢未来』東京大学高齢社会総合研究機構、東洋経済新報社）と指摘していた。

課題先進国とは必ずしも関係ないが、実験してみないとわからないという意味においては、前述のジョブ・カードなどもその一例であろう。いわんや課題先進国では、仮説を立て、実験に臨み、それを検証し、ようやく理論と呼べる水準に至った戦略を積極的に展開していくというプロセスが求められよう。その実験の段階で、やみくもに高いリターンを求めていると、先細りは不可避である。

イギリスで、「ケイ・レビュー」が発表されたのは、2012年7月。日本で『海賊とよばれた男』が出版されたのも2012年7月だ。『海賊とよばれた男』は、「ストーリーで学ぶ『ケイ・レビュー』」といったところだろう。

「思考停止」によるデフレ

このように考えてくると、労働組合の弱体化と、資本コストの上昇の裏に潜む一つのキーワードの存在に気づかざるを得ない。それは、「思考停止」である。

中曽根政権が、戦後政治の総決算の一環として、労働組合の弱体化に取り組んだことには意味があった。１９７０年代に、賃金の上昇圧力が強すぎたこともあり、世界経済は物価上昇と景気低迷を併発するスタグフレーションに陥った。経済を立て直すには、賃金の抑制は喫緊の課題であった。１９８０年代のバブル経済への反省から、資本コストの上昇に取り組んだことも、その当時の判断としては正しかった。お金はタダも同然という感覚で無茶な投資をしていたのだから、タダではなく、きちんとコストのあるもので、資本の出し手の要求にちゃんと応えなければならないと気づかせることは重要であった。

問題は、時代が変わり、環境が変化しているにもかかわらず、我々の考え方が変わらないことだ。歴史を「循環するもの」だと考えずに、一つの方向性を持って進歩するものだと考えるからそうなるのであろう。「そうなる」とは、様々な「改革」の結果が出ないのは「改革が不十分だから」だと判断し、労働市場なら、さらなる分割・細分化を追い求めようとするし、資本コストにおいては、公的年金に、事実上、資本コスト上昇の先導役を期待するということだ。

そうではなくて、賃金が下落し、需要も不足する状況に歯止めをかけたいのなら、労働組合の団結を促す力学が働いても不思議ではないし、資本コストを下げるように工夫するのは、当然のことである。それをしない思考停止が、デフレ圧力を生んでいるとも言えるだろう。

「タコツボ化」が見逃すデフレ

そこに思いが至らないのはなぜか。それは、物事を縦横斜めから見て、自分の頭で考える癖がついていないからではないか。資本コストについて、一つ例をあげよう。

まず、次のような日本破綻論を、読者はどこかで一度は聞いたことがあるだろう。

高齢化社会の進展とともに、貯蓄の取り崩しが進み、日本国債を外国人にも買ってもらわねばならなくなる。今、日本国債の95％を日本人が買っているから大丈夫だが、外国人は、今のような低い金利には満足しないので、より高い利回りを要求するようになる。そうすると、日本政府の利払い負担は一気に増加し、利払い不能に陥り、日本は破綻するというシナリオだ。

しかし、これは妙な議論である。というのも、このシナリオは「未来の話」ではなく、株式市場では「すでに起きている現実」だからだ。エコノミストたちは、いわゆる債券市場の金利しか見ていないから、気がつかないだけだ。少し横から見る余裕があるならば、株式市場で猛烈な金利上昇が起きていることに気がついたはずである。タコツボ化ゆえに、隣のデフレ圧力を見逃しているのである。

それは、外国人投資家も同じだ。「日本の貯蓄が足りなくなる、すなわち経常収支が赤字になるのは、いつだ？」と質問する彼らに、「それも重要だけど、同じことは20年以上前から株式市

株主資本コストの上昇による金融引き締め

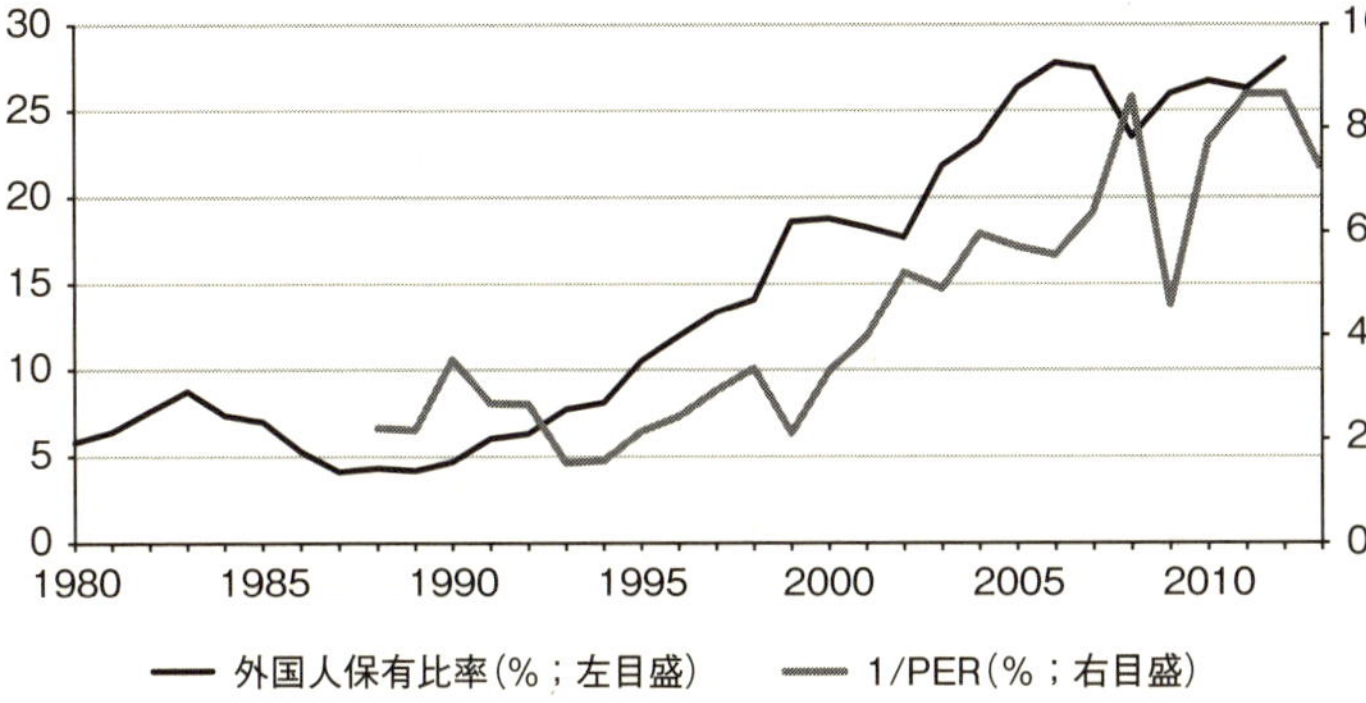

「金融緩和が必要」と言いながら、株式市場では
実質的な「金融引き締め」が進んでいる……

場で起きている」と指摘すると、彼らは当事者にもかかわらずきょとんとする。

　1990年頃の株式市場は、今の債券市場のように、日本人がメイン・プレーヤーだった。それこそ、日本株の95％は日本人が保有していた。しかし、バブルが崩壊し、株価が暴落し、損失が発生すると、いわゆる株式の「持ち合い」は難しくなり、株式の保有者が、日本人から外国人にシフトしていった。外国人は、日本の経済状況にお構いなく、グローバル・スタンダードで見返りを要求する。日本の経営者は、何とかやりくりして彼らの期待に応えようとする。

　その努力の一端は、先に述べた1995年に日経連が発表した「新時代の『日本的経営』」である。また、会社法も改正され、経営者のボーナスが業績連動になるなら、損金算入が認められるようにもなった。「業績」というのは「株主の取り分」であり、それに経営者のボーナスが連動するということは、「株主」と「経営者」が一心同体になるということだ。「俺ら（労働者）」の先輩だと思っていた経営者は「あいつら（資本家）」の陣営に行ってしまったのである。こうした労働市場や経営者の意識の「改革」と同じ効果をもたらすのは、実は「金融引き締め」である。

株式市場では、その保有構造の変化を通して、金融引き締めが進んでいたのである。株式市場における金利を直感的に理解するには、PER（株価収益率）の逆数を見ればよい。PERが50倍なら、要求されている利回りは1÷50＝2％だ。それが、PERが10倍なら、利回りは1÷10＝10％だ。1990年以降の日本では、この簡単な数字で示したような金利上昇が現実に起きた。経済活動が低迷し、デフレにならないほうが、おかしいだろう。

ただ、それに気づかずに、「高齢化→貯蓄の取り崩し→国債の外国人保有比率の上昇→金利上昇→破綻」という経路だけに注目しているから、議論の幅は、せいぜい、それがいつから始まるかに矮小化されてしまうのだ。もう、債券市場の隣の株式市場ではとっくの昔から始まっているのに、愚かな議論をしているものである。

もう一度、考えてみよう。なぜ、エコノミストたちは、このことに気がつかないのか、それは、資本コストに留意し、株主の期待に応えることは正しいことだと頭から信じているからである。誰も金利を経営目標だとは思わない。金融政策において、金利は道具である。しかし、同じ道具にすぎないROEは、なぜだか経営目標になっている。

「企業の目的は利益の最大化」だと教科書に書いてあると、成功した経営者たちが必ずしもそう言っていないことを疑問にも思わない。なぜ、労働組合の分割・細分化に懸念を持たないのかといえば、弱いものが団結するのは卑しいことだと刷り込まれているからだ。

日本人は、聖徳太子の昔から「和を以《もっ》て貴《とうと》しとなす」という精神を重んじてきたと油断してはいけない。それは、我々の国民性を示しているのではなく、そういうことを繰り返し唱えなければ、バラバラになる国民であることへの戒めだという説を、心理学者の岸田秀氏が唱えておられた。逆に、米国で独立心が尊いものとされるのは、放っておくと固まるからだと。我々は、強く意識しないと団結できない国民だと、心得ておくほうが無難である。

「国際競争」を言い訳にするデフレ

なお、日本の国際競争力を増すべく法人税の税率を下げるというアイデアは、リーマンショック以前の欧州を参考にしたものだ。経済産業省が2010年に作成した「産業構造ビジョン2010」では、「国際的水準を目指した法人実効税率の引き下げ」が提案されていた。その際も、問題になったのは代替財源である。財政再建を至上命題とする日本で、代替財源のない減税は、なかなか支持を得ることができない。

こうしたなか、非常に都合の良い材料を提供してくれていたのは、欧州である。欧州では、法人税率の引き下げ競争が起こるなか、法人税収が増えるという奇跡が起きていたのである。人呼んで「法人税パラドックス」である。日本でも、同様のパラドックスを期待できるなら、法人税の税率を下げても税収は増えると、一部で盛り上がっていた。

しかし、「法人税パラドックス」の説明に使われたデータは、いずれもリーマンショック前のものであった。その後、リーマンショックを経て欧州の債務危機が勃発すると、法人税パラドックスは影を潜め、「ケイ・レビュー」に代表されるような大反省会モードに入っているのである。

何をどう反省しようとしているのか。それは、「ケイ・レビュー」を取りまとめたジョン・ケイの思想の一端に触れるだけで明らかである。彼は、その著書『市場の真実』(中央経済社)のなかで、次のように述べている。

「強欲こそが経済問題において人間の支配的な動機であるという前提……は米国の保守派そして世界中のビジネスマンや金融関係者によって共有されている。しかし……私は、……そうした原則にそって市場経済を再設計する試みは、市場経済の有効な運営に対して望ましくなく、むしろ有害でさえあると主張する」

彼は、成功する現代経済モデルは、一つではないと指摘し、アメリカン・ビジネス・モデルだけが有効ではないと言い切るイギリス人である。そのうえで、市場経済の強さは、教訓を踏まえた多元主義だとして、「実験→失敗→排除→模倣」のプロセスが永続するものだと「歴史の終わり」を否定している。経済には、誰もが実践できる「勝利の方程式」はないということだ。そういう思想を持つジョン・ケイに報告書の取りまとめを依頼するイギリス政府も、社会は常にその姿を変えていくという柔軟な発想を共有しているものと思われる。

ところで、成功するモデルは一つではない、すなわちゴールは一つではないという意味では、そもそも競争も成り立たないということになろう。よく「国際競争に勝つために……」と言われるが、誰が、どんな競争をしているのだろうか。

案外、そもそもの定義も曖昧に、「国際競争」という言葉が使われているような気がしてならない。そこで、「国際競争」という言葉がいつから使われるようになったのかを知るために、「国際競争」を含む記事数の推移を調べてみた。すると、興味深いことに、この言葉を含む記事の増減は、「ROE」という言葉を含む記事数の増減に概ね重なるのである。両方とも、「狂気」が支配していたと言われる1997年に最も多く使われていた。

要するに、国際競争をしているのは企業で、企業の目的は利益（株主の取り分）の最大化なので、その尺度となるROEを高めるためには、株主以外のステークホルダー、すなわち従業員や取引先企業は我慢してくれということではないか。国際競争という言葉は、国民に我慢を強いる文脈で使われがちなことに注意すべきだろう。まさに、現代版の「欲しがりません勝つまでは」である。果たして、国際競争という曖昧な言葉のもとで、株主への分配を重視し、国民が我慢する社会はフェアなのだろうか。誰もが安易に使う「国際競争」という言葉は、さりげなく毒を含んでいるので、注意が必要である。それこそ「勝つと思うな、思えば負けよ」である。

ＧＮＩという新しい成績表

「国際競争」といえば、安倍政権は、従来の「ＧＤＰ」ではなく、「ＧＮＩ」という指標を重視しようとしている。

ＧＮＩとは、国民総所得（Gross National Income）のことである。生産されたものは、消費され、誰かの所得になるので、生産＝消費＝所得である。いわゆる三面等価の原則だ。したがって、国民総所得とは、すなわち、懐かしい国民総生産（Gross National Product）のことである。ＧＮＩ＝ＧＮＰだ。

１９８０年代までは、我々はＧＤＰではなく、このＧＮＰを重視してきた。ところが、１９９０年代に入ると、「国民」が海外で得た所得を算入するＧＮＰでは、「国内」の景気を反映しないという意見が強くなり、「国民」ではなく、「国内」の総生産である国内総生産（Gross Domestic Product）、すなわちＧＤＰを重視するようになった。ＧＮＰが属「人」主義なら、ＧＤＰは属「地」主義である。

しかし、グローバル化の加速に伴い、国外で活動する「国民」が増えるにつれ、今度は逆に、「国内」の総生産であるＧＤＰは、日本経済の実態を表さないのではないかという声が増えてきた。それならば、昔に戻そうということで、再びＧＮＰ（国民総生産）、つまりはＧＮＩ（国民総所得）が重視されるようになってきたのである。国際的な競争を強いられる日本人の成果を測る指標としては、ＧＮＩがより相応《ふさわ》しいという話になってきたわけだ。

実際、安倍政権が２０１３年６月に発表した「骨太方針」にも、「今後10年間の平均で、名目ＧＤＰ成長率３％程度、実質ＧＤＰ成長率２％程度の成長を実現する。２０１０年代後半には、より高い成長の実現を目指す。その下で、実質的な購買力を表す実質国民総所得（実質ＧＮＩ）は中長期的に年２％を上回る伸びとなることが期待される。一人当たり名目国民総所得（名目ＧＮＩ）は中長期的に年３％を上回る伸びとなり、10年後には１５０万円以上拡大することが期待される」とあった。

これらの数字からも、安倍政権がＧＤＰ（「国内」総生産）よりも、ＧＮＩ（「国民」総所得）に期待をかけていることがわかる。ただ、過去10年間を振り返ると、ことはそんなに単純ではなかったのである。

名目値を見ると、確かにＧＮＩのほうが、ＧＤＰよりも減り方が少なかったのだが、実質値で見ると、ＧＮＩよりもＧＤＰのほうが増えていたのである。なお、名目値とは、実際に市場で取り引きされている価格に基づいて計算された値。実質値とは、ある年からの物価の上昇・下落分を取り除いた値である。本来、名目値でも実質値でも同じ傾向を示すものだが、ＧＤＰとＧＮＩについては、名目値と実質値では、方向が逆転するという意外な結果になっている。

なぜ、名目と実質で景色が変わってしまうのだろうか。それは、両者では少し統計の内容に違いがあるからだ。「名目」GNIには含まれない交易条件の変化が、「実質」GNIには含まれるからである。

交易条件とは、輸出物価と輸入物価の比（輸出物価／輸入物価）である。たとえば、分子の輸出物価よりも、分母の輸入物価が上昇すると、両者の比は小さくなる。この場合、交易条件が悪化するという。同じ輸出で、これまでのように同じだけ輸入できなくなるからだ。代表的な輸出品である自動車の価格が変わらないのに、代表的な輸入品である原油価格が2倍に上昇すると、自動車を1台売っても、原油をこれまでの半分しか買えないということになってしまう。これが、交易条件の悪化である。

その交易条件を含めた実質ベースでGNIが悪化しているということは、要するに交易条件が悪化したということになる。

その最大の要因は、原油価格の上昇である。原油価格の上昇によって輸入価格が高くなったので、日本の交易条件は悪化していたのだ。

交易条件の悪化を許す日本の事情

いずれにせよ、原油価格の上昇で、交易条件が悪化し実質GNIが増えないのであれば、実質GNIを増やすためには、原油価格を押し下げるか、原油価格の上昇に対して強い経済構造にすることが求められることになる。この点について、「骨太方針」はこう書いていた。

「実質国民総所得（実質GNI）を増加させていくためには、（1）その大宗を占める実質GDPが、賃金上昇を伴う内需の拡大等により成長することが不可欠であることはもとより、（2）グローバル化の推進、特に成長する新興国市場への事業投資により海外活動からの所得を拡大すること、（3）イノベーション等を通じ国際競争力のある財やサービスを創出しその輸出を増加させる一方、エネルギー・資源等の安価な輸入を確保する等により交易利得を拡大することが必要であり、こうした取組を推進する」

重要なのは、この（3）である。ちなみに、交易条件がプラスになると交易利得、マイナスだと交易損失だ。ここで、交易条件は、ほとんど原油価格で決まることを思い出すと、結局、実質GNIを増加させる政策は、「エネルギー・資源等の安価な輸入を確保する」ということに尽きることになる。

しかし、「安価」と言われても、我々は、原油価格などのエネルギー価格を自分たちの思うままに操作することはできない。そうなると、自分たちの意思でできることは、化石燃料への依存度を下げるほかなくなる。依存度を下げることにより、少しは資源輸出国に対し、交渉力を強めることができるかもしれない。その意味で、実質GNIを目標にした以上、安倍政権は、原発再稼働を目指さざるを得ない。少なくとも、目指すポーズは取ったほうがよいということになる。

一方、国民感情的には、原発再稼働を簡単には受け入れがたい。その結果、交易条件が悪化しようが、実質GNIが減ろうが、知ったことかという気分にもなろう。東京都知事選では、「脱原発」があらためて争点になろうとしている。

果たして、安倍政権が目指す実質GNIの増加と、多くの国民が望む脱原発を両立させることは可能なのだろうか。

策は一つある。エネルギー価格に代表される輸入物価の上昇分を、輸出物価に転嫁すればよいのである。交易条件は、「輸出物価／輸入物価」だ。分子・分母が同じだけ上昇すれば、交易条件は悪化しない。実は、輸入物価の上昇分を輸出物価に転嫁することは、他の先進国では当たり前のことだ。「仕入れ価格が上がったから、値上げをします」と言えばよいだけだ。それをせずに、輸入物価の上昇をなんとかコスト削減で相殺し、輸出物価を抑えようとしているのは、日本独特の対応である。

無理がきくから道理が引っ込む

なぜ、日本だけそんな窮屈な対応を取っているのか。小峰隆夫法政大学大学院教授は、「無理がきくから」だと指摘している。

「日本では大企業が関連会社とのネットワークを形成して（いわゆる「下請け」）、長期的な取引関係のもとで生産を行い、輸出している。円高やエネルギー価格の上昇に際しては、これら関連会社とのネットワークの中でコストアップを吸収し、最終価格の引き上げを少しでも抑えようとしてきた」、さらに、「日本では、企業が雇用の維持に強い責任を持っているので、価格を抑え、付加価値を削ってでも、何とかして生産量を確保しようとする傾向がある。このため、賃金を抑制してでも輸出量を保とうとする行動がとられやすくなる」（『日本経済論の罪と罰』日経プレミアシリーズ）という仮説を提示していた。

これらは、取引先や従業員との長期的な関係を重視しているとも言えるが、ダイナミックに考えるならば、結果的には、下請け企業や従業員の疲弊を招き、それこそ、「国内」景気の悪化、すなわちGDPの縮小をもたらしかねない。むしろ、経営者は、その力関係から、劣位にある下請け、従業員に圧力を掛けるという安易な方法を避け、製品価格の値上げに努めるべきではなかったか。

しかし、「値上げ」よりも、「賃下げ」が簡単にできるからこそ、劣位者への圧力を止めることができなかったのであろう。さらに、「ケイレツの解体」や、これまで指摘してきたような「労働組合、労働者の分割・細分化」を背景に、劣位者への圧力は、以前よりも相対的に容易になっていたはずである。雇用を守るために賃金が犠牲になっているという解釈もあるが、賃下げが容易だから、雇用を維持でき、経営者が解雇に伴うストレスを回避できているという面もあろう。

そうなると、実質GNIの増加を目標にし、かつ脱原発をも視野に入れるならば、両者を両立させるためには、企業における分配の適正化を促すしかないということになる。しかし、それは政治家や経営者から施《ほどこ》しを受けるようなものではなく、本来は、自分たちが団結することによって勝ち取らねばならないことである。その意味では、脱原発を訴える人たちは、賃上げを求める労働組合と共闘できるはずなのである。脱原発の結果、輸入物価が上昇しても、実質ＧＮＩが減らないようにするためには、輸出物価を上げればよい。輸出物価を上げるためには、安易な賃下げを認めてはいけないということだ。

安倍政権は、政労使会議を主催し、賃上げを要請しているが、安倍政権が未来永劫続くわけでもないし、次の政権も同じことをするとは限らない。企業経営者は、支持率の高い政権の要請に、とりあえずは「太いものには巻かれろ」と、ベアを受け入れるかもしれない。しかし、この方法は、労働者の側から見ると、持続性に疑問符がつくものだ。持続性を担保するには、弱者側が主体的に参加しなければならない。

それにしても、グローバル化で国民の海外での稼ぎが増えるから、これからはＧＮＩだという発想で、安倍政権はＧＮＩに注目したのだろうが、実質ＧＮＩを増やしたいなら、結局は、企業の分配が変わらざるを得ないという話になってしまった。面白いもので、あらゆる議論が、一つの論点に収斂《しゅうれん》してきているのである。

第7章　未来志向の「保守」再生

「改革」から「保守」へ

「貯蓄から投資へ」という旗を何十年も振り続けているのに、一向に実現しないのは、日本の雇用制度を背景に、住宅の相対価格がなお高いせいではないかと指摘した。

実質ＧＮＩの下落をもたらす交易条件悪化の要因は、輸入物価が上昇しても、下請け制度、企業別労働組合の存在を背景に、コストカットや賃下げが比較的簡単に行われる結果、輸出物価への転嫁が進まないことにあるのではないかと論じてきた。

いずれの論点も、企業内の分配に関連している。企業がつくりあげた付加価値を、利害関係者の誰に分配するのかという話である。

その企業内の分配に、この20年間、大きな影響を与えてきた思想をひと言で表すなら「改革」である。そして、これからの変化をもたらす思想は「保守」と表現できるだろう。

日本株の「下げ相場」は、１９９０年に始まり、２００９年に終わった。そして、「上げ相場」は２００９年に始まったと、第2章で書いた。安値が前回安値を下回り、高値も前回高値を下回るのが「下げ相場」。逆に、安値が前回安値を上回り、高値も前回高値を上回るのが「上げ相場」だ。このリズムが、「下げ相場」から「上げ相場」に転換したのが２００９年であった。テクニカル分析的には、そういうことになる。

ただ、値動きからそうだと言われても、それだけでは何か物足りない。我々は、なぜ「下げ相場」から「上げ相場」に転換したのか、そして、それぞれは何を意味しているのかと、解釈を求める。

私が、この「下げ相場」と「上げ相場」にタイトルをつけるなら、それぞれこういうものにするだろう。「下げ相場」のタイトルは「改革」だ。サブタイトルは「株主の取り分である利益の極大化を速やかに実現せよ」である。一方、「上げ相場」のタイトルは、「保守」だ。サブタイトルは「ステークホルダー全員の満足を、結果的に実現しよう」である。

こうした「保守」から「改革」、さらに、「改革」から「保守」への転換のきっかけになるのは、いつも、バブルの崩壊、金融危機といった「ショック」である。

日本人は、１９９０年前後のバブルの生成と崩壊というショックを機に、自分たちの社会や政治、そして経済の見直しを余儀なくされた。欧米も、２０１０年前後のリーマンショック、ギリシャ危機をきっかけに、反省機運が強まっている。先に紹介した英国の「ケイ・レビュー」は、その一例である。こうした反省の際に、我々が常に考えさせられているのが「会社」というものの意味だ。

経済学的には、会社は、株主の合理的期待に応えなければならないものだ。欧米、特に米国においては、こうした考えが主流であり、これが彼らにとっての「保守」になる。

一方、経営学的には、会社は、従業員や取引先企業などを含めた多様なステークホルダーの協働の場として捉えられている。日本人にとっての会社は、このようなものであった。したがって、これが我々にとっての「保守」になる。バブルの生成と崩壊は、我々日本人に「保守」を捨てさせ、「改革」を促した。企業は株主のものだという意見が強くなってきたのである。

先発は「保守」、リリーフの「改革」

「保守」というのは、長い歴史のなかで、我々が築き上げてきた文化であり、制度であり、慣行であり、法の体系を重視する「姿勢」である。経済的および社会的な目標達成のために国家権力の使用を容認する国家主義を「保守」的とする見方もあるが、私は「保守」をそのようには捉えていない。国家を利用する権力者も、「歴史」という「行く川のながれ」に浮かぶ「泡沫《うたかた》」として相対化される。

歴史というものは、過去から現在、そして未来につながっていく。したがって、「保守」は、その語感とは異なり、常に「未完」であり、「改善」というプロセスが永遠に続くものだ。

大平正芳元首相は、哲学者・田辺元《はじめ》の「過去を捨象すると革命になり、未来を捨象すると反動になる」という言葉を引いて、次のように語っている。

「現在は、未来と過去の緊張したバランスの中にあって、革命であっても困るし、反動であってもいけない。未来と過去が緊張したバランスの中にあるように努めていくのが『健全な保守』と

いうものではないだろうか」（『大平正芳「戦後保守」とは何か』福永文夫、中公新書）
要するに、バブルの崩壊という強烈なショックに見舞われても、狼狽して我を忘れるかのように日本型経営のすべてを否定してはいけないし、その逆に、単純に旧に復するような復古主義に陥ってもダメだということだ。

このような時間軸を背骨とする「保守」は、固有の歴史・文化を共有する地域ごとにそれぞれ存在し、本来は相対的なものである。

「改革」は、こうした価値観が揺らいだ際に、より良いものを求めようとする態度であり、姿勢だ。改革者は、水平に広がる普遍的で絶対的な価値があると考えがちである。逆に時間軸はない。歴史は終わるものだと考えている。ゴールがあると信じている分、性急であり、排他的になりやすい。

繰り返すが、それに対して、「保守」は本来、それぞれの地域の特性や歴史に基づく多様性を認める考え方であるはずだ。それにもかかわらず、時に自信過剰になり、必ずしも普遍的ではない、自分たちの制度や文化や法で、傲慢にも世界を支配しようとした時に、「保守」は高転びに転ぶ。それが、「ショック」である。

そして、転んだのは、今を生きる自分たちの傲慢や、やりすぎのせいだと考えずに、先人たちが築き上げ、自分たちに押しつけた文化、制度、慣行、法が悪かったからだと責任を転嫁し、「改革」を志向する。しかし、改革者が、より良い文化、制度、慣行、法だと考えるものに、絶対的な価値はない。往々にして、隣の芝が青く見えるだけの話である。

このように、「保守」は「改革」に転向するし、長い目で見るなら、「改革」は「保守」の一コマだと言える。

野球で言うなら、「保守」は先発投手であり、先発投手が崩れた時に登場するリリーフが「改革」だ。以前、どこかで「平家、海軍、国際派」という言葉を見たことがある。どのような文脈でこれが使われていたのかも忘れたが、「平家、海軍、国際派」に共通するのは、先発投手が崩れた時のリリーフで、短いイニングなら任せておけという存在であることではないか。彼らは海外の事情に明るく、「改革」案に通じているのである。企業でも、不祥事や業績不振でトップが解任されると、後を襲うのはだいたい国際派である。

１９９０年以降の「改革派」は、「平家、海軍」に連なり、「国際派」に重なるものであろう。「驕る平家は久しからず」というが、平家の最盛期は、保元・平治の乱から、清盛の死去までの約20年だろうか。一つの人生しか生きることのできない我々にとって20年は長いが、歴史にとっては、20年は一瞬の出来事だ。

改革の20年で消えた「保守」

振り返ってみれば、日本のバブルが崩壊し、日本人が自信を喪失するとともに、冷戦が終わり、米国が一人勝ちの様相を濃くし、アメリカン・ビジネス・モデルが、グローバリゼーションという名のもとに世界を席巻し始めた。その時代は、約20年続いただろうか。この間の「改革」とは、すなわち「アメリカに向かって走れ」であった。会社は、多様な利害関係者の協働の場から、株主のものになっていった。極端に言えば、「株主の利益が第一」だという思想に基づき、ＲＯＥ（株主資本利益率）を高くすれば全ては丸く収まるという話になった。

１９８０年代、日本人が自信過剰になっていた頃、ＲＯＥなんて誰も気にしていなかった。それでも、「ジャパン・アズ・ナンバーワン」と持ち上げられていた。しかし、傲慢は続かず、高転びに転ぶ。転ぶと反省する。それどころか「改革」機運が高まり、自分たちが受け継いできた文化、制度、慣行、法が次から次へと否定されていく。ケイレツが否定され、従業員が軽んじられ、金利もゼロになったのに、ＲＯＥだけが重視されていく。１９９７年には、「ＲＯＥ」という言葉を含む『日本経済新聞』の記事は、年間５００件を超えた。１９９０年以前には、ほとんど使われなかった言葉だ。

しかし、冷静に振り返ってみれば明らかだと思うが、ＲＯＥが重視されても、肝心の株価は上がらなかったし、日本経済はデフレから脱却できなかった。改革派にすれば、それは「改革が不十分で、経営者も十分にＲＯＥを重視していないからだ」となるが、そうこうしているうちに、お手本の米国がおかしくなってきた。リーマンショックが起こり、アメリカン・ビジネス・モデルへの批判が強まると、改革派の中から転向者が出るようになってきた。「株主の利益が第一」

ではなく、「国民の生活が第一」だという民主党が政権を獲得した。

ただ、民主党は成功しなかった。なぜだろうか。思うに、「保守」という旗印を掲げることに失敗したからであろう。それは、「政治主導」という言葉にも表れている。究極の「保守」といえば、良くも悪くも前例尊重の官僚と相成るが、その官僚を排除して保守は成立しない。

その一方で、民主党は、自分たちをどのような政党であると定義していたのであろうか。リベラルだろうか。リベラルとは、「国民のために国家がある」という考えだ。一般的に、「保守」と呼ばれるのは、この逆で、「国家のために国民がいる」という国家主義である。この文脈で、安倍政権は「保守」と呼ばれることはあるが、安倍政権の経済政策を見ればわかるように、彼らは改革派である。「レジーム・チェンジ」と叫ぶ「保守」はない。

小泉元首相が、自民党をぶっ壊すと言った時点で、「保守」は消えたのである。一方、リベラルは、国家主義的な意味での「保守」の対極にあるものだから、「保守」という旗を掲げることはできない。リベラルと保守は、多様性を認める寛容という地点で両立可能なのに、自己矛盾だと否定してしまう。その結果、日本から「保守」が消えたのである。自民党と民主党という二大政党制が実現したかに見えた１９９０年代後半以降、不思議なことに、日本には「保守」政党がなくなった。誰もが「改革」を訴えるようになったのだ。

求められる「保守」再生

民主党は、リベラルではあったかもしれないが、それを実現する方法論を持たなかったのであろう。その方法論とは、「保守」であるべきではなかったか。すなわち、改革という名のもとに否定されてきた、自分たちが受け継いできた文化、制度、慣行、法を復活させ、それに基づいてリベラルを実現する。むろん、「保守」に立脚するのは、何も民主党である必要はない。自民党であってもよいし、どこも「保守」を旗印にしないなら、新党が生まれてもよい。

そのためには、「保守」の再定義が必要だ。前述のように、「保守」には、国家主義的なイメージがすでに刷り込まれている。したがって、ある一定の日本人には拒否感がある。したがって、粘り強く「保守」とは何かを伝えていかねばならない。「保守」とは、自分たちが受け継いできた文化、制度、慣行、法を重視する立場であり、最終的な解決を否定し、暫定的な解決を無限に続けていく覚悟である。それ以上でもそれ以下でもない。

労働組合運動を重視するのは、社会主義ではなく「保守」だからである。こうした文化、制度、慣行、法が相互補完的に支え合っている日本の均衡状態を大切にするという姿勢である。それゆえ、外国で上手くいっているやり方を「日本版〇〇」として安易に移植するようなことはしない。

無理に移植しても、「日本」が拒絶反応を起こして、余計に機能不全に陥る。大きくは、株主中心主義がそうだし、小さくは「ジョブ・カード」制度がその事例である。

では、この日本で「保守」は復活するのだろうか。株式相場を見ている限り、それは「YES」だ。「改革」という名の「下げ相場」が終わったとするなら、今始まっている「上げ相場」のテーマは、「保守」のはずである。

むろん、まだ、始まってせいぜい4年の「上げ相場」だ。コンセンサスなんて、あるはずがない。「下げ相場」が20年続いても、まだ『デフレの正体』なる本がベストセラーになる。なぜデフレになったのか20年経ってもわからないのである。20年後に「リフレの正体」が書かれても、そこに「保守」回帰が「上げ相場」を形成したと書かれるかどうかも疑問だ。我々の認識力は、しょせんその程度である。それが見通せるなら、我々は、みな『愚管抄』を書いた慈円である。

「保守」にリーダーは不要

ただ、欧米の大反省会は参考になる。彼らには日本以上に「保守」の精神が息づいているだろうから、大崩れはしないであろう。そもそも「保守党」なる政党があるくらいだ。ただ、傲慢の果てに大失敗し、今は反省会の最中だ。

彼らの反省は、ある意味で、我々の「保守」にとっては追い風だ。彼らの反省、つまり「改革」は、株主中心主義を見直し、短期主義を否定している。この方向性は、日本にとって慣れ親しんだ方向である。会社は、利害関係者が協働する場であり、短期ではなくて、長期的に物事を考える。なお、長期とは、時間軸がただ長ければよいという話ではない。静止画像を眺めるようにスタティックではなく、動画を見るようにダイナミックに考えるのが長期だ。「損して得取れ」「急がば回れ」「勝つと思うな、思えば負けよ」である。日本に、ようやく追い風が吹いてきたと言えよう。懸念があるとすれば、アベノミクスが、必ずしも、この追い風に対して帆を張っているとは言えないことである。

日本は、復活する。しかし、それは、アベノミクスで復活するのではない。まだ我々の目には見えない「保守」が、すなわち、我々自身が主役になって、この国を盛り立てていくことになるだろう。明確なゴールのない「保守」には、リーダーは不要である。我々の主体的な参加が望まれている。

戦後の保守を代表する政治家であった大平元首相は、「首相にリーダーシップは不要で、必要なのはオーケストラのコンダクターの役割であり、ハーモニーの維持にある」と語っていたという。それをリーダーシップの欠如だと責められた時に、「政府が引っ張って行って、それに唯々諾々とついていくような国民は、たいしたことを成し遂げられない。政府に不満をもち、政府に抵抗する民族であって、はじめて本当に政府と一緒に苦労して、次の時代をつくれる」（前掲『大平正芳』）と応じた。保守の再生とは、我々の自信の回復と同義である。

影響力がある「もの言わぬ株主」

私は、証券会社の株式ストラテジストとして、日々、機関投資家とのミーティングを行っている。株式相場を中心に、日本経済や世界の資本市場の動向について語り合うわけである。その際に強く感じるのは、良くも悪くも自分たちは観察者であり、評論家だということだ。

我々は、投資対象である企業の経営に積極的に影響を与えようとはしない。ダメだと思えば、黙って売ればよいからだ。たまに、企業に積極的に関与しようとすれば、もの言う株主とか、アクティビストだと特別視される。

こうした機関投資家と企業の関係について、安倍政権の「日本再興戦略」は、「日本版スチュワードシップコードについて検討し、取りまとめる」として改善を促そうとしている。

「スチュワードシップ（機関投資家の責任）・コード」とは、英国で、企業の株式を保有する機関投資家向けに定められた行動規範である。資産運用の委託者の利益を実現すると同時に、投資先企業の長期的な成長を経済全体の発展へとつなげるために、機関投資家は積極的に役割を果たすべきだとする概念に基づいている。これも、金融危機への反省から、２０１０年に発表されたものだ。

ここでは、機関投資家と企業の「対話」が重視されている。ただ、その対話が「議決権行使」

の多寡《たか》として、まるで数値目標のように取り扱われると話が変わってくる。心が忘れられ、形だけになってしまう危険性がある。

一方、2012年7月に発表された同じ英国の「ケイ・レビュー」は、議決権はただ行使すればよいというものではなく、スチュワードシップは、その定義をより拡張して解釈されねばならないと指摘している。どのように「拡張」するかと言えば、短期主義を否定する「ケイ・レビュー」の精神を勘案すれば、競争力の強化につながる投資ではなく、目先の結果を求めてリストラやM&Aに走りがちな企業経営者を落ち着かせるという方向で対話せよということになろう。

こうした英国の反省で共有できる部分は、もの言う株主よりも、同じ基準に基づいて、大勢で黙って日々企業をチェックするアナリストや投資家のほうが、実は大きな影響力があるのではないか、という点だ。

黙って投資し、黙って売却する我々には、マニュアル化した投資基準があって、それこそROEは高いのか、株主還元はきちんと行われているのか、中期経営計画に論理矛盾はないのか、と点検している。

しかし、みんながみんな同じ投資基準に従ってチェックしていると、個々のアナリストや投資家の影響力は大きくなくとも、毎日毎日、同じ方向から風が吹く場所では、樹木の枝が同じ方向に曲がるように、企業や、ひいては経済のあり方に、強烈な影響を与えることになりかねない。

その影響力に、我々は得てして無自覚である。日々使っているマニュアルが適切かどうかのチエックもおろそかになっているのではないか。たとえば、1990年前後のように、日本の企業や金融機関が株式の持ち合いを行い、資本効率をあまりにも無視した行動をとっている場合には、数ある投資基準のなかでも、ROEへの注意を喚起すべきであった。

しかし、ROEが当たり前になり、下手したら高校生でも「企業の目的は利益の最大化である」と言う時代に、大学生にとってはコスパが最重要判断基準になり需要が低迷している時代に、相変わらず資本効率を最優先課題として企業に要求し続けるのは適切なのだろうか。

マニュアルが陳腐化している危険性に自覚的であってもよい。「どうすれば世の中変わりますか?」という人に対しては、マニュアル化した投資基準を一度疑ってみてはどうかと提案してみたい。いつの間にか、思考停止に陥っている危険性があるからだ。そういう反省から、世の中を変える作業が始まるのではないだろうか。

「CEO」と「社長さん」の違い

その際にもう一つ考えるべきことは、「変える」には、「元に戻す」が含まれていることだ。誤解のないようにしていただきたいが、100%元に戻すことは不可能だ。それは「守旧」である。重要なのは、守旧ではなく「保守」である。保守は、最終的な解決としての変化を求めるのではなく、暫定的な解決を無限に続けていくものだ。我々も、道に迷った時には、いったん分かれ道まで戻るだろう。「元に戻る」とは、そういう意味だ。

分かれ道といえば、日本企業の経営者は、「会社を利害関係者の協働の場」と考える「社長」と「経理部長」という組み合わせから、１９９０年以降の改革の時代に、「会社の目的は利益の極大化」とする米国流の「ＣＥＯ（最高経営責任者）」と、従来通りの日本的な「経理部長」という妙な組み合わせになってしまったような気がする。ＣＥＯは、ＲＯＥを重視して投資案件を選別するので、どうしても投資に消極的になる。すると企業の中に内部留保と呼ばれるお金が増える。このお金は株主のものであり、タダではない。

ここで、「ＣＥＯ」の相方が、経理部長ではなく、これまた米国流の「ＣＦＯ（最高財務責任者）」なら、無駄にお金を持つよりは、株主に返却したほうがよいと判断するだろう。しかし、経理部長は、銀行との付き合いや資金繰りを大切にするので、そのままお金を持ち続ける。かくして、求められるＲＯＥが高いから設備投資はしない、求められるＲＯＥが高いにもかかわらず内部留保が溜まるという不思議な組み合わせになってしまうのだ。

そこで、政府は内部留保を取り崩して投資してくれと企業にお願いする。株主は内部留保をさっさと我々の手に渡せと迫る。両者ともに、矛盾の象徴である内部留保を狙っている。

すっきりさせるためには、ＣＥＯと経理部長の組み合わせを解消して、次のどちらかに変えたようがよいだろう。「改革」なら、ＣＥＯとＣＦＯのコンビだろう。「保守」なら、社長と経理部長の組み合わせである。前者なら、ＣＥＯは投資を控えて、Ｍ＆Ａやリストラを行い、ＣＦＯは余ったお金があれば、それで株式を買い戻す。後者なら、要求されるROEが高かろうが、社長は、日本的文脈で投資をする。経理部長は金策に銀行に通うということになる。デフレに悩む今の日本に求められるのは、むしろ社長と経理部長ではないか。

「変えるべきもの」と「変えてはいけないもの」

さて、市場参加者にも、二つのタイプがあると思う。「ノイズ・トレーダー」と「アービトラージャー」である。ノイズ・トレーダーは、価格が適正水準から乖離していく動き、すなわち「ブーム」を追うことに生き甲斐を感じる参加者のことである。一方、アービトラージャーとは、ノイズ・トレーダーとは逆に、価格が均衡点へ回帰する動き、すなわち「バスト」を狙う参加者である。

私は、このアービトラージャーである。どちらが正しいということはない。相場には、どちらの値動きもあるからだ。まさに、「ブーム&バスト」である。ブームとバストの両方で儲けることができれば、それに越したことはないが、両方を使い分けることのできる天才は滅多にいない。論理的であればブームを追えず、論理的でなければバストを狙えない。論理的であり、かつ非論理的であるのは、そもそも論理矛盾だ。

さて、ブームとは均衡点から乖離する動きだ。頼りになるのは、論理ではなく感性だ。市場参加者の欲と恐怖を肌で感じなければならない。下手に考えるより、勢いに乗ることが大切だ。学問はなくとも、勘が良く、世知に長《た》け、人情に通じておれば勝てる。大衆の人気を得ることもできるだろう。小説の主人公になるのは、だいたいこのノイズ・トレーダーだ。

獅子文六《しし ぶんろく》の伝説的な相場小説『大番《おおばん》』に出てくる赤羽丑之助《あかばうしのすけ》（ギューちゃん）は、その名の通り典型的なノイズ・トレーダーとして描かれている。株式相場では強気のことをブル（雄牛）と言う。ブルは、角を下から上に突き上げるからだとも言われる。そして、強気は、得てして均衡から上にどんどん乖離していく動きを追うものだ。ノイズ・トレーダーがギューちゃんというのは、ピッタリだ。

一方、バストは均衡に戻る動きだ。これを取るためには、均衡点を知らねばならない。均衡点を見出すためには、根気よく情報を集め、分析して、あるべき価格を求めねばならない。アービトラージャーは、相場が壊れる時、すなわち上でも下でも期待が剝《は》げ落ちる時に儲ける。したがって、多数派からは「空気の読めない奴」と恨みを買いやすい。相場小説の敵役は、もっぱらアービトラージャーである。『大番』でいうと、角川政次郎（角政）だ。ギューちゃんは、相場で儲けては散財し、損をしては故郷に帰る。一方、知的な角政の息子は東大生だ。

ところで、『大番』にはもう一人重要な登場人物がいる。大手証券会社に勤める木谷さんだ。木谷さんは当時としては珍しい大学卒の証券マンである。ギューちゃんをたいそう可愛がる。ギューちゃんも木谷さんを尊敬する。お互い自分にないものを相手に見出したのだろう。

さて、ギューちゃんが頭角を現してきた頃、社長になっていた木谷さんは、大きな相場を張る。ブームを夢見て、そして敗れる。木谷さんは自殺し、ギューちゃんは故郷に帰る。本来アービトラージャーであった木谷さんが、ブームに憧れ失敗する。自分のスタイルを見失った末に死を選ぶ。一方、故郷に逃げたギューちゃんは、捲土重来《けんどちょうらい》、兜町《かぶとちょう》の風雲児となる。ただ、そのギューちゃんも、アービトラージャーの角政と組んでからツキに見放されるのだ。

『大番』は、教訓的である。ブームでも勝ち、バストでも儲けるというのは論理矛盾である。だから、必ずどこかで失敗はする。直球も変化球も両方打てるのは天才だ。どちらかに山を張って待っていると、どちらかを打てない。相場も似たようなものである。ただ同じ失敗でも、ノイズ・トレーダーがそれらしく、アービトラージャーが自分のスタイルで失敗したのなら、またチャンスは巡ってくる。

『大番』という小説は、そういうふうに書かれているように思う。再起が叶《かな》わないのは、自分のスタイルを捨てて失敗した時だ。その際には、死しかない。それは、市場参加者だけではなく、企業にも国家にも当てはまる黄金律ではないだろうか。今から思うと、失敗しては故郷に帰るギューちゃんは、道に迷った時と同じで、分かれ道まで戻っていたのかもしれない。

こじつけかもしれないが、それと同じことを2020年の東京オリンピックにも感じる。50年前の東京オリンピックに戻って、もう一度、出直そうとしているような気分を感じる。最終章では、これまで述べてきた論点に基づき、東京オリンピックについて考えてみよう。

最終章　「東京オリンピック」という過去と未来

2013年9月8日

不思議なもので、明日は5時に起きようと思うと、目覚まし時計がなくとも、だいたいその時間に目が覚める。その日は、4時40分に目が覚めた。あと20分眠れるけれども、リビングのテレビをつけた。2020年の夏季オリンピックの開催地が決まるその朝、テレビ局は、夜通し特番を放映していた。マドリードが手ごわいという話だったが、意外にも東京とトルコのイスタンブールの争いになっていた。

テレビでは、マラソンの有森裕子氏らが、東京オリンピックへの熱い思いを語っていた。開催地が発表される日本時間の午前5時まであと10分を切った。元スポーツアナウンサーが、「招致活動に携わった現地のスタッフは、数時間前に行った最終プレゼンテーションを振り返り、細かな点が気になっているはず。たとえば、トルコの首相が英語でプレゼンしなかったこととか……」と話し始めた。「東京もさぞかし不安でしょう……」となる前に、すかさず、有森氏が、「でも、練習以上に素晴らしい出来であったと東京のメンバーは思っているでしょう」と、不安を打ち消していた。

カウントダウンが始まり、映像がＩＯＣ総会開催中のブエノスアイレスに切り替わった。すぐに開催地が発表されると思いきや、アルゼンチンの紹介、そして2016年のオリンピックが開催されるリオデジャネイロが紹介された。

もっとじらされるのかなと思っていると、執事のような男性が五輪のマークが入った封筒を手に画面の左側から登場し、中央の演台で待つＩＯＣのロゲ委員長に手渡した。ロゲ委員長は、封筒を開け、入っていたボードを裏返して、無表情に「トウキョウ！」と甲高い声で読み上げた。私は、単純にオリンピックが好きなので、東京で開催されることが素直にうれしかった。世論調査でも、東京でのオリンピックに賛成という人の比率は７割に達していた。いまひとつ盛り上がらなかった４年前に比べると、東京オリンピックへの期待がずいぶん高まっていた。何がそうさせたのか、気持ちの変化というのは不思議なものだと思った。

ご祝儀気分も冷静に

ところで、「オリンピックに賛成の理由は何か」という質問に対しては、「経済効果が見込める」という答えが、いつもダントツだった。株式市場でも、ご多分に漏れずというか、先頭を切って、オリンピックで買われる銘柄云々という話題で盛り上がっていた。ご祝儀気分もあったのであろうか、それにしても安易な解説も多く見られた。

そもそも、オリンピックの経済効果とは、何を意味しているのであろうか。経済というのは、同時に様々な出来事が影響し合っているので、ある特定のイベントだけの効果を抽出するのは難しい。

たとえば、過去のオリンピック前の株価動向を持ち出してきて参考にするような場合もそうだ。どこまでがオリンピックの影響なのかは判然としない。次に、お金を使うことだけが経済効果なのか、という疑問もある。新国立競技場の総工費は約１３００億円だと言われている。それは確かに建設業者にとっては儲けのチャンスになるのかもしれないが、それだけを取り上げて経済効果と呼んでよいものなのか、採算面も考える必要があろう。実際、我々は過去にも無駄な投資を何度も繰り返してきた。

さて、「オリンピックの開催が決まり、各方面から喜びの声が寄せられております」という紋切り型の報道の一つとして、「株式市場でも……」と、その他大勢の声の一つとして扱われることがある。喜びの声を、あれもこれもてんこ盛りにし、中継の画面がテンポよく切り替わるほどに気分も盛り上がる。そういう場合、往々にして、脇の甘い適当な話がまぎれこんでくる。そして、それが何度も繰り返し取り上げられていくうちに、一つのファクトとして扱われるようになる。こういう時こそ、冷静に違和感を覚え、「つっこみ」を入れる常識を持っておかねばならない。情熱と冷静のバランスが重要だ。

科学的ではない期待

典型的な例を一つ挙げておこう。こういう数字をよく見かけた。過去5回のオリンピックの開催都市決定から開会式当日までの株価の推移だ。アトランタ五輪の時は2倍、シドニー五輪では64%高、アテネ五輪でも27%高、北京五輪では36%高、ロンドン五輪もリーマンショックを挟んで7%高であった。だから、東京でも２０２０年まで、株式相場は上昇するだろうという話になる。

こうした経験則から、「なるほど２０２０年の東京オリンピックの開会式の日まで株式相場は上昇する」と単純に思ってもよいのだろうか。私たちは、こういう数字を見せられた時に、いろいろと疑問を感じなければならない。そういう癖が常日頃からついていないと、「アベノミクス効果で株高になった」と言われると、それを信じ込むことになる。

そもそも、株式相場は基本的に右肩上がりなので、７年近い時間があれば、普通は上昇している。したがって、オリンピックによってどれだけ追加的に上昇したのかをきちんと計測しなければならない。オリンピックの効果を際立たせたいのなら、惜しくも開催地に選ばれなかった都市との比較も必要だろう。

たとえば、ロンドン五輪の時は、本命視されていたパリが落選した。しかし、ロンドンに開催地が決まった２００５年7月からの株式相場の値動きを見ると、イギリスの株価とフランスの株価は、ほぼ同じ動きを示していた。１年後の株価上昇率はイギリス、フランスともに約12%であった。リオデジャネイロが開催地として選ばれたときには、オバマ大統領のお膝元であったシカゴが落選している。しかし、その後のブラジルの株価と米国の株価を比べると、むしろ米国株のほうが上昇している。

新しい薬の効果を調べる際、新薬を投与したグループとそうではないグループに分け、対照実験を行う。オリンピックの経済効果についての厳密な実験はできないが、ロンドンとパリ、リオデジャネイロとシカゴを比較する程度のことはやらねばならないだろう。開催地に決まった都市だけを集めて株価はこうなりましたと言うのは、「科学的」ではない。

米国の金利が急上昇し、日米金利差が拡大しているという外部環境の変化を等閑視《とうかんし》して、為替相場や株式相場の動きをすべて「アベノミクス」で説明するのと同じ過ちが繰り返されている。

たとえば、次のような、ありふれた決算関連記事にも要注意である。「大手銀行の4~9月期決算は、安倍政権の経済政策『アベノミクス』に伴う株高や取引先企業の業績改善の恩恵が鮮明になった」。

株高と業績改善は、「事実」である。しかし、それがアベノミクスに伴うものかどうかは、「解釈」の問題である。実際、米国の金利が2013年5月以降に急上昇しなければ、再び円高になり、株高も業績改善も帳消しにされていたかもしれない。

それが、アベノミクスであれ、東京オリンピックであれ、たった一つの政策、イベントにすべてを説明させるのは単純すぎるし、危険である。

何が危険かと言えば、そういう政策、イベントを我々にプレゼントしてくれる権力者の過大評価につながるからだ。その逆は、私たちの日々の努力の過小評価である。「困ったらウルトラマンを呼べばよい」という「イデ隊員」を増やすことになってしまう。

もっと言うと、権力者が本当にウルトラマンならそれでもよい。しかし、彼らはけっしてウルトラマンではない。凡人である。凡人に超人的な能力を期待するほど、愚かしいことはないだろう。

予定に従う予想

経済効果という意味で、ひとつ興味深いのは、2002年に日韓が共催したサッカーのワールドカップだ。当時、経済効果は2020年の東京オリンピックと同じ約3兆円と試算されていた（共同開催になったので、日韓それぞれ1兆5000億円ずつ）。ところが、開催地が決まった1996年5月から約2年間、日本株と韓国株は、ともにほぼ一本調子で下落してしまった。日本の金融危機、韓国のIMFショックのほうが、はるかに経済にダメージを与えたからである。

当たり前のことだが、経済や市場は、オリンピック以外のたくさんの出来事の影響を受ける。ただ、そういう出来事は、今現在において、カレンダーに記載されていないものだから、予想に含まれないだけである。我々には、カレンダーに載っている出来事を必要以上に重視する傾向がある。「今週の予定」に基づいて株価予想をするのも、その一つだ。「週末のFRB議長の講演を前に様子見気分が強まる」という類《たぐい》の予想である。しかし実際には、その間に何が起きるかわからない。

ちなみに、「動静」が報告されるのは、政治家や中央銀行の総裁など、権力者だけである。もちろん、それらが瞬間的に株式相場や為替相場に影響を与えることはある。それにしても、毎度毎度こうした報道が繰り返され、彼らの行動を軸に相場予想が行われると、「権力者が相場を動かしている」という刷り込みが生まれてしまうであろう。

そういう彼らが超人に見えるのは、相場が異常値から平均回帰をうかがう時だけであり、割高のものをさらに高くしたり、割安のものをさらに安くするという芸当はできない。すなわち、「予定」が意味を持つ時もあれば、無意味な時もあるということだ。日々垂れ流される権力者の「動静」は、そういう判断の重要性を忘れさせるという意味で、有害でさえある。

オリンピックのようなイベントも同じだ。それに伴う道路や鉄道などのインフラ整備によって、経済効率が上がる場合もあれば、必ずしもそうではないケースもある。オリンピックだけに注目していると、別の要因によって足元をすくわれることもある。

実際、カレンダーに記載されていた2002年のワールドカップよりも、1996年時点でカレンダーに記載されていなかった日本の金融危機や、韓国のIMFショックのほうが、日韓両国の経済や株価によほど大きな影響を与えた。その後も、ITバブルで熱狂したと思えば、バブルが崩壊し、日韓ワールドカップの頃には、世界経済はリセッションに陥っていた。往々にしてでちょうどよい。

「予想」は、「予定」の評価であり、しかも過大評価になる傾向があるので、割り引いて見る程度

元が取れないなら投資ではなく消費

ところで、この日韓ワールドカップの際に新たに建設されたスタジアムは、その後、有効活用されているのであろうか。立地に恵まれている横浜国際総合競技場でさえ、維持費の捻出が難しいようで、命名権を売却し、日産スタジアムと呼ばれるようになった。大分銀行ドームと呼ばれるようになった大分スポーツ公園総合競技場は、大丈夫なのか。

新国立競技場も純粋な営利目的の施設ではないので、企業が行う設備投資との比較はおかしいのかもしれない。ただ、企業が設備投資をするなら、その投資の元が取れるのかどうかが極めて重要になってくる。143ページでも触れたように、NPV（ネット・プレゼント・バリュー）がプラスでなければ投資にGOサインは出せない。NPVとは、当初の投資額を、そのプロジェクトが生み出す利益の累積額（現在価値＝プレゼント・バリュー）が上回るかどうか、その差（ネット）がプラスかマイナスかを見る指標である。

結論だけ先に言うと、約1300億円という投資の元を取るためには、割引率を6％とするなら、年間80億円程度の利益を上げなければならない。割引率というのは、そのプロジェクトに期

待するリターンと考えればよいだろう。年間80億円の利益を生み出すプロジェクトの現在価値は、6%で割り引くと(80億円÷6%)1333億円になる。1333億円は、当初の投資額の1300億円を上回っている。したがって、NPVはプラスだ。

こうした「取らぬ狸の皮算用」は、現実的なのだろうか。類似の施設として東京ドームを参考にしてみよう。東京ドームでは、4万人以上動員できるプロ野球の巨人戦が、年間70試合近く行われる。では、どの程度の利益が出るものだろうか。東京ドームを保有している株式会社東京ドームの決算書を見てみよう。東京ドーム事業の営業利益は、ホテルなども含めて132億円だった(2012年度)。税金等を差し引くと純利益は80億円程度だろうか。

現在の国立競技場が満員になるのは、元旦のサッカー天皇杯の決勝戦など、年間で数日程度ではないか。前述の80億円を稼ぐことの難しさが理解できるだろう。よく面積を比較する時に、東京ドーム何個分という表現が使われるが、利益を比較するなら、新国立競技場は、せいぜい東京ドームの半分といったところではないか。

このNPVという考え方は、私たちの日常生活にも応用できる。繰り返しになるが、NPVとは、あるプロジェクトや物件の現在価値(プレゼント・バリュー=PV)と、当初投資額の差(ネット=N)である。現在価値を計算するのは難しくない。それらが毎年生み出す利益を割引率で割ればよい。たとえば、月20万円で貸し出すことができるマンションの現在価値は、割引率を6%にすると、240万円÷6%で、4000万円となる。このマンションの購入額(当初投資額）が3000万円なら、NPVは、4000万円マイナス3000万円だから、プラス1000万円になる。NPVはプラスであり、このマンションはお買い得ということになる。

1300億円という表面的な建設費も、日本経済の大きさからすると誤差のような数字ではあるが、その数字ですら、元が取れるか取れないかを議論しなければ、経済効果という話にならない。元が取れない設備を大量に作って、その建設費だけを経済効果として計算するのは、間違いではないがミスリーディングである。元が取れないなら、それは「投資」ではなく「消費」である。「浪費」と呼んでもよいだろう。

王様の浪費とは違う「おもてなし」

浪費と言えば、『日本経済新聞』の名物コラム「大機小機」に、「公共事業と東京五輪」というエッセイが掲載されていた。インドのタージ・マハルも、ドイツのノイシュバンシュタイン城も、もとは皇帝や王様の浪費だった。しかし、この二つの建造物は、現在でも毎年、インドとドイツに巨大な観光収入をもたらしている。したがって、どうせ作るなら、後世に残る立派なものを作ろうという内容だった。

しかし、タージ・マハルができたのは1648年だ。366年前の話である。現在の観光収入が、どれほど巨額なのかわからないが、仮に1000億円だとしても、6％で割り引くと、36

6年前における現在価値はたったの58円だ。建設当時のインド人が、「2014年の1000億円と1648年の100円のどちらかを選べ」と問われたなら（インド人が円表示で聞かれることはないだろうが）、1648年の100円を選ぶべきである。

エジプトのピラミッドもそうだが、王侯貴族の浪費は、将来の人々に役立っているというが、建設当時の人々には、なんの意味もない話である。したがって、このような話は、これからオリンピックの関連施設を建設しようとしている我々日本人にとっても、ほとんど意味のない話である。そんなことが堂々と主張されるのは、ファイナンス・リテラシーが欠如しているか、あるいは権力者に対するおもねりがあるからだろう。

いずれにせよ、新国立競技場の場合、マイナスのNPV分、結局は税金が投入されることになる。それは、私たちが「買う」ということだ。日本人は、なかなか売ってもらえなかったオリンピックという消費財をようやく買えたことに喜んでいると言っても過言ではないだろう。

欲しくて欲しくてたまらなかったものが買えた時は、素直に嬉しいものだ。私もオリンピックがとても楽しみだ。経済効果を期待できるからオリンピックに来てほしいというよりも、なかなか手に入らない、たとえばサザンオールスターズのライブのチケットがゲットできて嬉しいのと同じ感覚で、待ちどおしいと思うのだ。ここで、経済効果を期待していると言ってしまうと、サザンのチケットを転売目的で買うような気分になってしまう。もっとも、こうした感覚は人それぞれだ。チケットが手に入ったことを喜ぶのか、それとも転売で儲かるから嬉しいのか、どちらが正しいというものでもない。

いずれにせよ、国民の約70%が東京オリンピックの招致に賛成し、満足しているのであるから、これはけっして浪費ではない。「おもてなし」する時は、基本的に持ち出し覚悟である。「おもてなし」をさせていただく喜びをお金で買ったと思わねばならないだろう。

東京オリンピックを呼び水に

話を割引率に戻そう。ある投資の元が取れるかどうかの判断に、割引率が大きな意味を持っていることが、先ほどの事例でも理解していただけたと思う。年間に入るマンションの家賃240万円を6%で割ると4000万円だが、2%で割ると1億2000万円になる。現在価値が1億2000万円もあるなら、みんな喜んで買うようになるだろう。

これと同じ理屈を新国立競技場に当てはめるとこうなる。仮に、東京ドームの半分、40億円しか利益が出ないにもかかわらず、1300億円の投資にGOサインが出るということは、逆算すると、割引率を3%に置いていることになる。

言い換えると、割引率を低く見積もるなら、投資が活発になるということになる。何度も繰り返し指摘しているように、日本で設備投資が活発にならないのは、この割引率が高いからだと言える。割引率は、単純に銀行が貸し出す時に要求する金利だけではない。国債の利回りでもない。株主が企業に要求するリターン、すなわち見返りも含めたものだ。仮に、銀行が5億円貸し出し、株主が5億円出資しているなら、割引率は、両者が要求するリターンを足して2で割ったものになる。銀行が2％で、株主が10％なら、足して2で割って6％ということになる。

新国立競技場を作る際のファイナンスが、借入半分、出資半分になるのかどうかはわからないが、そこに税金を投入するなら、国民が株主のようなものだ。元が取れそうもない投資案件である新国立競技場の建設にGOサインが出たのは、事実上、株主である国民の要求リターンが低く、割引率が低くなったからといえるだろう。前述の計算を使うなら、10％を要求するのではなく、4％で我慢してくれるから、足して2で割って3％になるのである。すると、40億円の利益でも3％で割ると、現在価値は1333億円になる。NPVはプラスだ。この事例でもわかるように、株主が要求水準を下げてくれるだけで、投資は活発になるのである。

東京オリンピックに期待したいのは、そういう意味での呼び水効果である。要求を下げれば、逆説的に効果を期待できるのである。日本中が要求リターンを下げれば、投資は活発になる。その最たるものが、1980年代のバブル経済であった。

当時、株式は持ち合うもので、お互い様とばかりに、見返りを要求しなかった。株主資本コストは事実上「ゼロ」だったのだ。すると、プロジェクトや物件の現在価値が無限大に大きくなった。現在価値は、年間の利益を割引率で割ったものだ。お互い様とばかりに見返りを要求しないということは、割引率はゼロになる。ゼロで割ると、答えは無限大である。それが、バブル経済であったのだ。バブル経済もバブル崩壊もデフレもすべて日銀のせいだとして思考停止に陥ると、こういう発想にはならないであろう。

日銀の派手な行動よりも、私たちの日々の行動の積み重ねのほうが重要である。ゼロは無茶でも、株主や投資家が要求を下げることで、投資は活発になる。

投資が活発になるとは、投資案件が増えることを意味する。調子の悪いときほど、我々は慎重になりがちだ。狙い球を絞り込みすぎたりする。絶対確実な投資ばかりを追い求める。成長戦略という名のもとで官僚が選んでくるような投資案件は、まさにこれだ。しかし、みんながそういう思いにとらわれると、ますます成功がおぼつかなくなる。そうではなくて、調子の悪い時ほど、積極的に何にでも手を出すべきだ。ストレートが来ても、フォークボールでも、とにかくバットを振る。ワールドカップでもオリンピックでもＩＭＦ総会でも、何にでも手を挙げてみる。そのエッセンスは何かといえば、割引率を低く見積もることである。その結果、手数が増える。

手数が増えることは重要だ。なぜか。イノベーションにつながるからである。経済学者は、「経済を引っ張るのは、供給サイドにおけるイノベーションだ」と訳知り顔に言う。しかし、どうすればイノベーションは起きるのだろうか。

「（引用者注・抗生物質、コンピューター、ＤＮＡという）イノベーションの大きな資金源となってきたのは、民間の慈善団体である」（前掲『市場の真実』）という指摘もある。この話は、面白い。イノベーションを起こすのは、政府でもなければ、利益を目的とする企業でもないということだ。

言葉は悪いが、イノベーションを起こすためには、下手な鉄砲でも数を撃つしかないのではないか。東京オリンピックが、その切り込み隊長という位置づけになれば面白い。東京オリンピックは、「権力者が庶民にくれたプレゼント」ではない。私たちが「買った」のである。そもそも、都民、国民の支持率が低ければ招致は成功していなかったであろう。

東京オリンピックについては、国民は自然に割引率を引き下げたのだと思われるが、今後は、確信犯的に、割引率を下げていかねば、継続性を期待できないであろう。

おわりに

偶然が積み重なると必然に見えてくる。この本を書きながら、そのようなことを考えていた。その必然とは、「保守」による日本の再生だ。なぜそれを必然だと思うのか。とても個人的な、小さな話であるが、私が経験した偶然の積み重ねを最後にお話ししたい。

そもそも、今回も編集を担当してくださった講談社の木村さんから前著『デフレの真犯人』の執筆についての打診をいただいたのは、私のテレビ出演がきっかけだった。2012年5月のことだ。テレビ出演といっても、地上波ではなくBSのニュース番組だ。番組には失礼だが、それほど視聴率が高いとは思えない。誰も見ていないだろうと思いながら、持論を述べていた。すなわち、日本のデフレの原因は、日銀の金融政策が間違っているからではなく、資本コストの上昇であると。すると、その翌日に、木村さんから「その話を本に書きませんか」とメールが届いたのである。

2012年5月といえば、日銀のバレンタイン緩和の効果が消えつつあった頃だ。2月に76円台まで下げていたドル円相場が、2月14日の緩和（「物価安定の目途」の導入など）をきっかけに、3月には84円台まで上昇した。しかし、欧米経済への不安を背景に、米国の長期金利が2％

を割る水準まで低下すると、ドル円相場は再び80円を割り込んできた。すると、それまで日銀を評価していた人たちまで、「やっぱり『目途』では中途半端だ。『目標』じゃないとダメだ」と、外部環境の変化を無視して、日銀にケチをつけ始めた。

まるで「後出しじゃんけん」だ。「目途」と「目標」といった微妙な違いで、20年も続いているデフレ脱却が左右されるはずがないだろうという常識は、どこかに飛んでいってしまっていた。

「『日銀のやる気』だけでは、日本は救えない！」という帯のついた拙著が出版されたのは、2012年11月6日だ。たまたま、その10日後の16日に野田首相は衆院を解散した。解散前日の15日に安倍自民党総裁が政権構想を発表し、「インフレターゲットを設定し、目標達成まで無制限の金融緩和を求める」と明言した。

ちょうど、その頃、世界経済は金融危機の最悪期を脱し、正常化に向かい始めていた。2013年6月のFOMC声明は、過去を振り返る格好で、「昨年（2012年）の秋から、ダウンサイドリスクは消えつつあった」と指摘していた。日本の政権交代は、たまたま世界経済の転換点と同時進行していたのだ。あるいは、たまたまというよりも、これは必然と呼ぶべきかもしれない。世界経済が最悪期にある時に日本の経済パフォーマンスだけが良いはずがない。そして、政治家は、その結果責任を問われるからだ。

世界経済の底入れを背景に、円安と株高に市場の景色も変わりつつあった。ところが、為替市場や株式市場では、「アベノミクスを歓迎して円安、株高が進行した」という解釈が主流になった。「デフレの真犯人」は、「やっぱり日銀だ！」になった。

さらに、2013年5月は、前述の2012年5月の逆の展開になった。異次元緩和への失望が顕在化し始めた頃に、米国の金利が急騰した。すると、両者が相殺する格好で、相場は膠着状態に陥った。米国の金利上昇という外部要因を調整すると、実は大暴落していたとも言えるドル円相場も、表面的に横這っていれば、異次元緩和の効果は持続しているように見える。「アベノミクスの効果で企業業績が改善し……」といった説明が、これといった検証もなしに、するりと経済専門家の口から出てくるようになった。

不都合な出来事の原因を誰かのせいにすると楽ちんである。私たちは、もう考える必要がなくなるからだ。悪者さえ退治されれば大丈夫と思考停止に陥る。「デフレの真犯人」は、高止まる資本コストであり、それに気づかぬ我々自身の問題だという拙著の主張は霞んでしまった。

ただ、本を書いたお陰で、新たな出会いもあった。拙著をお読みいただいた方々の紹介で、経営学者の加護野忠男先生にお会いすることができたのだ。そのとき、加護野先生は、「英国の『ケイ・レビュー』は素晴らしい」とおっしゃった。

私は、まだ「ケイ・レビュー」のことを知らなかった。これは、英国の株式市場を評価・点検した報告書として2012年7月に公表されたものだ。同報告書を中心になってまとめたジョン・ケイという経済学者のことも知らなかった。

さっそく、「ケイ・レビュー」をダウンロードして読んでみた。同報告書は、株式市場における「短期主義」に否定的であった。長期的な視点から地道な投資を行わず、リストラやM&Aなどで短期的に収益をかさ上げしようとする企業行動が英国経済をダメにしたと批判していた。そのまま日本にも当てはまるような、説得力のある議論が展開されていた。

それにしても、なぜ、イギリス政府は、ジョン・ケイに報告書の作成を依頼したのだろうか。そういう疑問を持った私は、彼の著書を探した。リーマンショック前の2007年3月に出版されていた『市場の真実』が、彼のオリジナルな考えを知るうえでちょうどよかろうと思い、ワンクリックした。

そのとき、たまたまなのだが、同時に手元に届いたのは福永文夫氏の『大平正芳　「戦後保守」とは何か』であった。

東京財団で研究員をされている亀井善太郎氏が推薦してくださった本だ。亀井氏は、「『衆参全議員　連続討論会』税・社会保障制度の抜本改革を考える」というイベントのコーディネーターをされていた。私は毎週火曜日の夕刻に開催されていたこの討論会を、2011年2月から、東日本大震災による中断を挟んで、5月まで毎回傍聴していた。

こうした縁もあり、亀井氏には、その時々の政策課題について教えていただくようになった。その亀井氏が、最近、「保守リベラルの再生が必要だ」とおっしゃるので、「日本の保守を学ぶにはどういう本を読めばいいですか」とお尋ねした。『大平正芳』は、その中の一冊であった。

こうして偶然、ジョン・ケイの『市場の真実』と、福永文夫の『大平正芳』を並行して読むことになった。読み始めると、驚きの連続であった。ジョン・ケイと大平元首相の言っていることがほとんど同じなのだ。すでに引用した文章も含まれるが、あらためて以下に並べてみたい。

「本来歴史というものは（中略）最終的な解決なるものはないのであって、暫定的解決を無限に続けていくのが歴史だと思う。毎日汗をかいている姿が歴史である」（『大平正芳』）

「世界が複雑で将来が不確実である以上、小刻みに実験され、しばしば見直され、また成功をフォローアップし、失敗しても非難されないという構造の中で、組織や経済システムは意思決定を進めていくのがベストである」（『市場の真実』）

「大平は首相にリーダーシップは不要で、必要なのはオーケストラのコンダクターの役割であり、ハーモニーの維持にあると説いた」（『大平正芳』）

「指揮者は必ずしもオーケストラの中で最も才能に恵まれ最も重要なメンバーというわけではなく、単に演奏の調和を実現するメンバーにすぎない」（『市場の真実』）

ジョン・ケイは、1948年に、スコットランドのエジンバラで生まれた経済学者だ。大平正芳は1910年に香川県で生まれた政治家である。時代も場所も異なる二人が、同じような思想を共有している。すなわち、二人とも、「歴史に終わりはない」と、日々の改善を訴えている。また、「正解は一つではない」と、多元主義を唱える。これらをひと言で表すなら、やはり「保守」ではないだろうか。

時代も、この言葉を求めていたように思う。1990年前後のバブルの生成と崩壊を受け、日本型経営は大きく揺らぎ、日本は「改革」の時を迎えた。「改革」とは、簡単に言うと「アメリカに向かって走れ」であった。しかし、20年後、今度は欧米でバブルが崩壊し、アメリカン・ビジネス・モデルの見直しが始まった。私たちは、どこに向かって走ればよいのだろう。道に迷えば、分かれ道まで戻るしかない。そんなときに、まるで待ち伏せしていたかのように、「保守」という言葉が、私の目の前に現れたのである。

「失われた20年」をどう総括するべきか、いまだ決着はついていない。政府の無策、日銀の無力によるものなのか。それとも、私たちが、グローバル化を合い言葉に、日本型経営を諦めて、アメリカン・ビジネス・モデルに走ったせいなのか。

前者なら、政府や日銀が変われば、すべては丸く収まることになるだろう。しかし、後者ならば、ことはそう簡単ではない。傲慢な物言いに聞こえるかもしれないが、国民一人ひとりに覚醒を促さねばならないからだ。

その意味では、まだ、アベノミクス以前の状態のほうがやりやすかった。処方箋を模索する人々が、聞く耳を持っていたからだ。今は、アベノミクスを否定し、この世にはスーパーマンがいないことを証明せねば、話を聞いてもらえなくなった。

一度、スーパーマンに助けられた人間は、次も助けてくれるだろうと期待する。「期待に働きかける政策」というのは、権力者が「私をスーパーマンだと思いなさい」というのと同じである。今後、何らかの要因で再び円高になり、株安になり、景気が失速すると、日銀法が中途半端に日銀の独立性を認めているからだ、消費税増税を行ったからだと不満が噴出し、権力者への要求がエスカレートしていく危険性がある。それは、日本を破滅に導くことになるだろう。

そうではなくて、スーパーマンなどいないと観念したうえで、「私たちは、凡人だから団結せねばならない」と考えるべきなのだ。思えば、白川前日銀総裁は愚直だった。自分たちはスーパーマンではないと当然のことを言って、嫌われたのである。

その意味で、アベノミクスが成功したとの思いが共有されればされるほど、日本経済の復活は遅れるのではないか、悶々としていた頃、木村さんから再びメールが届いた。また本を書かないかという打診であった。自分の考えを述べるチャンスをいただいたことに感謝しつつも、新著のストーリーはすぐには思い浮かばなかった。ただ、資本コストを下げるべく、企業内の分配を見直すという作業も、賃金を上げるべく労働者に団結を促すことも、「保守」という言葉のもとに整理できるのではないかと思った。

保守といえば、エドマンド・バークは、『新訳 フランス革命の省察』(佐藤健志編訳、PHP研究所)のなかで、こう言っている。

「前例のないことを試すのは、じつは気楽なのだ。うまくいっているかどうかを計る基準がないのだから、問題点を指摘されたところで『これはこういうものなんだ』と開き直ればすむではないか。熱い思いだの、眉唾ものの希望だのを並べ立てて、『とにかく一度やらせてみよう』という雰囲気さえつくることができたら、あとは事実上、誰にも邪魔されることなく、やりたい放題やれることになる」と。

「とにかく一度やらせてみよう」

実に嫌な言葉だ。無責任が傲慢という服を着ている。この言葉の裏返しは、「じゃ、何もしなくてよかったのですか」である。これは、アベノミクスを取り巻く私たちの気分に似ている。

何とかしたい。むろん、保守や団結といった言葉一つで、本一冊で、世の中が変わることはないだろう。傑出したリーダーによって変わるものでもない。それよりも、私たち一人ひとりの、ちょっとした気づきの積み重ねが重要ではないかと考える。名もなき私たちの日々の汗が、少しずつ世の中を変えると信じる。この本は、そういう一滴の汗になればという思いで書いたものである。

著者

参考文献

『たまたま　日常に潜む「偶然」を科学する』（レナード・ムロディナウ著、田中三彦訳／ダイヤモンド社）
『ユーロ破綻 そしてドイツだけが残った』（竹森俊平／日経プレミアシリーズ）
『資本主義はなぜ自壊したのか　日本「再生」への提言』（中谷巌／集英社）
『いまこそ、ケインズとシュンペーターに学べ　有効需要とイノベーションの経済学』（吉川洋／ダイヤモンド社）
『新自由主義の復権　日本経済はなぜ停滞しているのか』（八代尚宏／中公新書）
『戦争論』上下（クラウゼヴィッツ著、篠田英雄訳／岩波文庫）
『「経済人」の終わり　全体主義はなぜ生まれたか』（P・F・ドラッカー著、上田惇生訳／ダイヤモンド社）
『政治的思考』（杉田敦／岩波新書）
『消費税日記　検証 増税786日の攻防』（伊藤裕香子／プレジデント社）
『消費税 政と官との「十年戦争」』（清水真人／新潮社）
『連続講義・デフレと経済政策　アベノミクスの経済分析』（池尾和人／日経BP社）
『デフレーション〝日本の慢性病″の全貌を解明する』（吉川洋／日本経済新聞出版社）
『超金融緩和のジレンマ』（梅田雅信／東洋経済新報社）
『行革　臨調答申をどう読むか』（伊東光晴／岩波ブックレット）
『危機にたつ総評　行革攻撃と労働運動』（太田薫・市川誠・岩井章編著／社会評論社）
『自省録　歴史法廷の被告として』（中曽根康弘／新潮社）
『村山富市回顧録』（薬師寺克行編／岩波書店）
『自然に生きて』（小倉寛太郎／新日本出版社）
『労働組合運動とはなにか　絆のある働き方をもとめて』（熊沢誠／岩波書店）
『若者と労働　「入社」の仕組みから解きほぐす』（濱口桂一郎／中公新書ラクレ）
『改革逆走』（大田弘子／日本経済新聞出版社）
『「就社」社会の誕生　ホワイトカラーからブルーカラーへ』（菅山真次／名古屋大学出版会）
『変化への挑戦　スト権ストから800万人連合誕生まで』（山岸章／日本評論社）
『海賊とよばれた男』上下（百田尚樹／講談社）
『士魂商才の経営者 出光佐三語録』（木本正次／PHP文庫）
『経営の精神　我々が捨ててしまったものは何か』（加護野忠男／生産性出版）
『2030年 超高齢未来 「ジェロントロジー」が、日本を世界の中心にする』（東京大学高齢社会総合研究機構／東洋経済新報社）
『市場の真実 「見えざる手」の謎を解く』（ジョン・ケイ著、佐和隆光監訳、佐々木勉訳／中央経済社）
『日本経済論の罪と罰』（小峰隆夫／日経プレミアシリーズ）
『大平正芳 「戦後保守」とは何か』（福永文夫／中公新書）
『新訳 フランス革命の省察 「保守主義の父」かく語りき』（エドマンド・バーク著、佐藤健志編訳／PHP研究所）
『デフレの真犯人　脱ROE〔株主資本利益率〕革命で甦る日本』（北野一／講談社）
「英国の株式市場と長期的意思決定に関するケイ・レビュー」（ジョン・ケイ）

北野　一（きたの・はじめ）
バークレイズ証券株式会社マネージング・ディレクター、日本株チーフ・ストラテジスト。1982年、大阪大学法学部卒業後、三菱銀行（現三菱東京UFJ銀行）入行。1997年より東京三菱証券（現三菱UFJモルガン・スタンレー証券）にて株式ストラテジストを担当。2006年、株式調査部チーフストラテジストとしてJPモルガン証券に入社。2013年、バークレイズ証券に入社。米国『インスティテューショナル・インベスター』誌の株式ストラテジスト部門で3回にわたり1位にランクされる。
著書に、『なぜグローバリゼーションで豊かになれないのか――企業と家計に、いま必要な金融力』（ダイヤモンド社）、『おじいさんは山へ金儲けに――時として、投資は希望を生む』（村上龍氏、山崎元氏らとの共著、幻冬舎文庫）、『デフレの真犯人――脱ROE〔株主資本利益率〕革命で甦る日本』（講談社）がある。

日銀《にちぎん》はいつからスーパーマンになったのか

2014年 2 月 6 日　第1刷発行

著　者　北野《きたの》 一《はじめ》
発行者　鈴木 哲
発行所　株式会社講談社
東京都文京区音羽2-12-21　〒112-8001
電話　編集部　03-5395-3522
　　　販売部　03-5395-3622
　　　業務部　03-5395-3615
装　幀　内山尚孝（next door design）
印刷所　豊国印刷株式会社
製本所　株式会社国宝社
本文データ制作　講談社デジタル製作部

ISBN978-4-06-218816-6　N.D.C.330　207p　19cm